ITALO KALVINO

ZAMAK UKRŠTENIH SUDBINA

IZDAVAČKO PREDUZEĆE „RAD"
BEOGRAD, 1997

Izvornik

Italo Calvino
Il castello dei destini incrociati
© 1994 by Palomar S. r. l.

ZAMAK UKRŠTENIH SUDBINA

Zamak

Usred guste šume jedan zamak pružao je utočište onima koje bi noć zatekla na putu: vitezovima i gospama, kraljevskim povorkama i slučajnim namernicima.

Pređoh rasklimatani pokretni most, sjahah u nekom mračnom dvorištu, nemi konjušari pobrinuše se za mog konja. Ostao sam bez daha; jedva sam se držao na nogama; otkada sam ušao u šumu tolika sam iskušenja prošao – susreti, utvare, dvoboji – da nikako nisam uspevao da sredim ni pokrete ni misli.

Popeh se stepenicama, te se nađoh u visokoj i prostranoj dvorani; mnogo ljudi – sigurno gosti, i sami u prolazu, koji su pre mene prošli šumskim putevima – sedelo je i večeralo za trpezom osvetljenom svećnjacima.

Pogledavši unaokolo, imao sam čudan osećaj, ili bi bilo bolje reći – radilo se o dva različita osećaja koji su se mešala u mom, od umora i smetenosti, pomalo nesređenom umu. Činilo mi se da sam se obreo na nekom bogatom dvoru, kakvog je bilo teško očekivati u tako rustičnom zamku daleko od svih puteva, i to ne toliko zbog dragocenog nameštaja i rezbarija na posuđu, koliko zbog spokojstva i prijatnosti koji su vladali među lepim i nakinđureno elegantnim zvanicama.

Istovremeno sam imao nekakav osećaj slučajnosti i nereda, razuzdanosti čak, kao da se nije radilo o otmenom dvoru već o prolaznoj krčmi, gde se ljudi koji se međusobno ne poznaju, različitog položaja i porekla, nalaze da bi zajedno proživeli jednu noć, u čijoj usiljenoj zbrkanosti svako oseća kako popuštaju pravila kojih se pridržava u svojoj sredini i, kao što se čovek navikne na manje udoban život, tako se lako prepušta drugačijim, slobodnijim običajima. U stvari, dva suprotstavljena utiska mogla bi se odnositi samo na jedno: zamak, koji je već godinama posećen samo kao odmorište, malo-pomalo srozavao se na nivo krčme, a gospodari zamka, iako i dalje oponašaše gestove plemićke gostoljubivosti, pređoše u red krčmara i krčmarica; mogla je to biti i krčma koja obezbeđuje iće i piće vojnicima i konjušarima, a takvih je puno u blizini zamkova, i koja je svoje klupe i svoju burad uselila u stare plemićke dvorane (budući da je zamak vremenom napušten), te joj raskoš tog prostora, uz dolaske i odlaske stalnih slavnih gostiju, nepredviđeno dodeli visok položaj, pa krčmaru i krčmarici počeše da se vrte mušice po glavi, te na kraju i sami poverovaše da su gospodari raskošnog dvora.

Ove misli, istinu govoreći, zaokupile su moj um samo na tren. Snažniji je bio osećaj olakšanja što sam se živ i zdrav našao usred tog odabranog društva (na znak poziva onoga koji je ličio na gospodara zamka – ili krčmara – seo sam na jedino upražnjeno mesto) i nestrpljenja da zapodenem razgovor i s društvom s puta razmenim iskustva proteklih pustolovina. Ali za ovom trpezom, za razliku od onoga što se događa u krčmama, pa čak i u dvorovima, niko nije izustio nijednu reč. Kada bi neko od gostiju hteo da zamoli onoga koji sedi do njega da mu doda so ili đumbir, činio bi to pokretom, i isto tako se pokretom obraćao slugama da bi mu isekli parče paštete od fazana ili sipali pola pinte vina.

Odlučan da narušim ono što sam smatrao obamrlošću jezika od duga i naporna puta, dadoh sebi oduška bučnim uzvicima kao „Nazdravlje!", „U dobar čas!", „Koji dobar vetar!", ali iz mojih usta ne iziđe nikakav zvuk. Lupkanje kašikama i zveckanje peharima i posuđem bili su dovoljni da me uvere da nisam ogluveo; ostalo mi je samo da pretpostavim da sam onemeo. To su mi potvrđivale i ostale zvanice koje su u tišini pomerale usne sa izrazom ljupke pomirenosti sa sudbinom – bilo je jasno da je prolazak kroz šumu svakog od nas koštao moći govora.

Pošto je večera završena uz potpuno ćutanje, koju zvuci žvakanja i coktanje pri srkanju vina nisu učinili ništa prijatnijom, ostali smo da sedimo gledajući se u lica, s opsesivnom mišlju da nećemo moći da razmenimo mnogobrojna iskustva koja je svako od nas imao da saopšti. U tom trenutku, na tek raspremljeni sto, onaj koji je izgledao kao gospodar dvora spusti špil karata. Bile su to tarot karte veće od onih kojima se obično igra ili kojima Ciganke proriču budućnost, ali su se mogle prepoznati slične figure, oslikane srmom kao na najdragocenijim minijaturama. Kralj, kraljica, konjanici i žandari bili su mladići i devojke raskošno odeveni za gosparsku zabavu; dvadeset i dve velike arkane ličile su na tapiseriju dvorskog pozorišta; a pehari, dinari, mačevi i štapovi blistali su kao heraldički poduhvati ukrašeni svicima hartije i frizovima.

Počesmo da razbacujemo karte po stolu, otvorene, kao da smo hteli da naučimo da ih prepoznajemo, da im damo pravu vrednost u igri, istinito značenje u čitanju sudbine. Pa ipak, nije izgledalo da bilo ko od nas želi da započne partiju, još manje da počne da ispituje sopstvenu sudbinu. Izgleda da smo bili lišeni svake budućnosti, uhvaćeni na putu koji nije ni završen, niti ga treba završiti. Nešto drugo smo videli u tim kartama, nešto što nam više nije dopuštalo da skinemo pogled s pozlaćenih kamičaka tog mozaika.

Jedna od muških zvanica pokupi razbacane karte, ostavljajući veći deo stola praznim; ali ih ne skupi u špil, niti ih promeša; već uze jednu kartu i stavi je ispred sebe. Svi primetismo sličnost između njegovog lica i lica naslikane figure, i učini nam se da shvatamo da je on tom kartom želeo da kaže „ja“ i da se spremao da nam ispriča svoju priču.

Priča o kažnjenom nezahvalniku

Predstavljajući nam se figurom *Konjanika Pehara* – ružičasti plavokosi mladić koji se razmetao blistavim plaštom sa izvezenim suncima a ispruženom rukom nudio dar poput mudraca sa istoka – naš sused za trpezom je verovatno hteo da nas obavesti o svom imućnom položaju, o svojoj težnji ka raskoši i rasipnosti ili pak, prikazujući se na konju, o svom avanturističkom duhu, i mada živahan – procenih posmatrajući sav taj vez sve do ukrasne podsedlice na atu – više sa željom da tako izgleda nego što je bio predodređen za viteza.

Lepi mladić načini pokret kao da zahteva našu punu pažnju i započe svoju nemu priču poređavši tri karte na sto: *Kralja Dinara, Desetku Dinara* i *Devetku Štapa.* Tužni izraz s kojim je spustio prvu od ove tri karte, kao i veseli izraz kojim je pokazao sledeću, kao da je trebalo da nam objasne da je, pošto mu je umro otac – *Kralj Dinara* je predstavljao malo stariju osobu koja je izgledala spokojno i srećno – nasledio pozamašno bogatstvo i odmah krenuo na put. To shvatismo na osnovu pokreta ruke kojim je bacio *Devetku Štapa* a ona nas je – spletom grana što se pružao preko retkog rastinja divljih listova i cvetića – podsećala na šumu kojom smo upravo prošli. (Onome ko bi kartu malo pažljivije osmotrio bilo je jasno da je vertikalni deo

11

koji se ukršta s nagnutim drvećem jasno podsećao na put koji prodire u dubinu šume.)

Dakle, početak priče je mogao biti ovakav: vitez, čim shvati da raspolaže bogatstvom kojim bi mogao zaseniti raskošne dvorove, pohrli na put s torbom punom novca, da poseti najčuvenije zamkove u okolini, možda s namerom da osvoji kakvu devojku visokog ranga i oženi se, te gajeći ovakve snove, zađe u šumu.

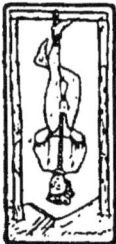

Ovim kartama u nizu pridruži se jedna koja je svakako najavljivala neki ružan susret – *Snaga.* U našem špilu tarot karata ova arkana je predstavljena naoružanim kavgadžijom, a surova pojava ne ostavlja sumnju o njegovim zlim namerama: buzdovan koji lebdi u vazduhu i žestina udarca kojim je oborio lava na zemlju, kao da se radi o običnom zecu. Priča je bila jasna: u srcu šume, viteza je iz zasede iznenadio divlji razbojnik. Najtužnija predviđanja potvrdila je karta koja je sledila, dvanaesta arkana, nazvana *Obešeni,* na kojoj se vidi čovek u čakširama i košulji, obešen za jedno stopalo, s glavom koja mu visi nadole. U obešenom prepoznasmo našeg plavušana. Razbojnik ga je lišio svakog imetka i ostavio da se, s glavom koja visi, klati na grani.

S olakšanjem odahnusmo na vest koju nam je donosila arkana *Umerenost* koju je naš sused, uz izraz zahvalnosti, spustio na sto. Iz nje saznadosmo da je čovek koji je visio, začuo korake kako se približavaju, a njegovo naopačke okrenuto oko ugleda devojku, možda ćerku nekog šumara ili kozara, koja se približavala i, hodajući golih listova poljem, nosila dva krčaga vode, vraćajući se sigurno sa izvora. Nismo ni sumnjali da je ova jednostavna šumska kći oslobodila čoveka glave okrenute nadole, pritekavši mu u pomoć i vrativši ga u uobičajeni položaj.

12

Kada ugledasmo kako pada karta *Kec Pehara*, na kojoj je naslikan izvor koji teče između rascvetale mahovine i lepeta krila, učini nam se da i sami čujemo, tu u blizini, žubor nekog izvora i dahtanje čoveka koji ležeći potrbuške pokušava da utoli žeđ.

Neko je među nama svakako pomislio da ima izvora koji, čim iz njih čovek okusi vodu, samo povećavaju žeđ umesto da je utole. Moglo se predvideti da je, čim je vitez savladao vrtoglavicu, između dvoje mladih buknulo osećanje, snažnije od zahvalnosti (s jedne strane) i milosrđa (s druge) i da je ono odmah našlo načina da se izrazi – uz saučesništvo šumskih senki – zagrljajem na poljskoj travi. Nije bez razloga sledeća karta bila *Dvojka Pehara*, ukrašena svitkom s natpisom „ljubavi moja" i rascvetalim nezaboravkom – sigurnim znakom ljubavnog susreta.

Pripremili smo se već, posebno dame iz društva, da uživamo u nastavku nežnog ljubavnog događaja, kad vitez spusti još jednu kartu *Štapa*, *Sedmicu*, gde nam se među tamnim šumskim deblima učini da vidimo kako se udaljava jedna vitka figura. Nije bilo razloga da posumnjamo da je priča krenula drugim tokom: šumska idila je kratko trajala, sirota devojka – cvet ubran u polju – odbačen je, a nezahvalni vitez se ni ne okrete, niti izusti zbogom.

U tom trenutku postade jasno da počinje drugi deo priče, možda s manjom pauzom, jer pripovedač poče da ređa nove karte u novi niz, pridružujući ga, s leve strane, onom prvom, te položi dve karte: *Caricu* i *Osmicu Pehara*. Iznenadna promena scene namah nas zbuni, ali nam se rešenje, verujem svima, brzo nametnu: vitez je konačno našao ono za čim je tragao – verenicu visokog i bogatog porekla, poput one koju

13

videsmo naslikanu, ništa manje nego s krunom na glavi i štitom s porodičnim grbom, nezanimljiva lica – malo stariju od njega, kako su sigurno primetili najzlobniji među nama – u haljini izvezenoj izukrštanim prstenovima kao da poručuju: „oženi me, oženi me". Poziv je spremno prihvaćen, ako je istina da karta *Pehara* označava svadbenu gozbu, s dva niza zvanica koji nazdravljaju mladencima što sede u dnu stola prekrivenog stolnjakom ukrašenom vencima.

Karta koja sledi, *Konjanik Mača*, objavljivala je, pojavljujući se u ratnoj uniformi, nepredviđeni događaj: ili je neki glasnik na konju upao na svečanost donoseći uznemirujuću vest, ili je sam mladoženja napustio svadbeno veselje kako bi naoružan odjurio u šumu na neki tajanstveni poziv, možda je u pitanju bilo i jedno i drugo; tek, mladoženju je neka nepredviđena pojava na nešto upozorila i on je odmah zgrabio oružje i skočio u sedlo. (S obzirom na prethodnu avanturu, nije više hteo da pomoli nos iz kuće a da nije besprekorno naoružan.)

S nestrpljenjem očekivasmo drugu kartu koja bi nam objasnila nešto više. Pojavi se *Sunce*. Slikar nam je predstavio ovu dnevnu zvezdu u rukama dečaka koji trči, čak leti nad raznolikim i prostranim predelom. Tumačenje ovog dela priče baš i nije bilo jednostavno; možda je trebalo da znači samo „bio je lep sunčan dan", i u tom slučaju je naš pripovedač rasipao karte da bi nam saopštio nebitne pojedinosti. Možda bi bolje bilo ne baviti se alegorijskim značenjem ove figure, već se zaustaviti na njenom bukvalnom značenju: polunagi dečak trči u blizini zamka gde se održava svadbeno slavlje koje mladoženja napušta kako bi pojurio tog derana.

Ne treba zanemariti ni predmet koji je dečak nosio. Ta blistava glava mogla bi doneti rešenje

14

enigme. Ponovo bacivši pogled na kartu kojom se naš junak predstavio, prisetismo se crteža ili veza u obliku sunca na njegovom plaštu zaboravljenom u polju kratkotrajne ljubavi, plaštu koji se sada vijorio poljem poput kakvog zmaja, te ovaj pohita za deranom da bi povratio plašt, ili pak iz radoznalosti otkrio kako je dospeo tamo, odnosno kakva je veza postojala između plašta, dečaka i devojke iz šume.

Nadali smo se da će nam ova pitanja razjasniti sledeća karta a kada je ugledasmo, radilo se o *Pravdi*, shvatismo da je ovom zagonetkom obuhvaćeno poglavlje s najzgusnutijim događajima u našoj priči. Slika nije prikazivala, kao u uobičajenim špilovima tarot karata, samo ženu s mačem i terazijama, već je u pozadini (ili na luneti iznad glavne figure, u zavisnosti od toga kako se gleda) imala konjanika (ili amazonku) u oklopu, koji je krenuo u napad. Ovo je moglo značiti: dok se približavao deranu sa zmajem, progonitelj ugleda kako mu put preprečuje nepoznati vitez naoružan do zuba.

Šta su mogli jedno drugom da kažu? Tek da se nekako počne – Ko ide!?

A onda je nepoznati vitez otkrio lice, lice žene u kojem je naš sused prepoznao svoju spasiteljku iz šume, svežiju, odlučnu i spokojnu, s tek nagoveštenim melanholičnim osmehom na usnama.

– Šta hoćeš od mene? – mora da ju je tada upitao.

– Pravdu! – sigurno je odgovorila amazonka. (Upravo su terazije upućivale na ovakav odgovor.)

Ako se dobro razmisli, susret je mogao i ovako da se odigra: amazonka na konju iziđe iz šume (figura u pozadini ili na luneti) i naređujući mu povika:

– Stoj! Znaš li koga juriš?
– Koga?
– Svog sina! – mora da mu je odgovorila ratnica otkrivajući lice (figura u prvom planu).
– Šta treba da učinim? – svakako je upitao naš junak, obuzet kratkotrajnim i zakasnelim osećanjem griže savesti.
– Da se suočiš s božjom pravdom! – (terazije) – Brani se!– i zamahnu mačem (mač).
Sada će nam prepričati dvoboj, pomislih, i zaista u tom momentu behu bačena *Dva Mača* koji zazveckaše. Polete iseckano šumsko lišće, a puzavice se obaviše oko sečiva. No, potišten pripovedačev pogled uperen u ovu kartu nedvosmisleno je govorio o ishodu dvoboja. Njegova protivnica se pokazala kao prekaljeni mačevalac; sada je na njega došao red da sav krvav ležeći ostane u polju.
Došavši sebi, otvori oči, i šta ugleda? (Pripovedačeva mimika, istinu govoreći donekle prenaglašena, upućivala nas je da sa sledećom kartom dolazimo do otkrovenja.) – *Sveštenicu* – misterioznu figuru krunisane monahinje. Da mu nije u pomoć pritekla kakva monahinja? Pogledom punim užasa zurio je u ovu kartu. Veštica? Užasnut, preklinjući je podigao ruke. Visoka sveštenica nekog tajnog, krvavog kulta?
– Znaj da si u liku devojke uvredio (šta drugo je mogla da mu kaže sveštenica da u njemu izazove takvu grimasu užasa), uvredio si Kibelu, boginju kojoj je posvećena ova šuma. Sad si nam dopao šaka.
Šta drugo je mogao da odgovori, osim molećivo zamuckujući: – Kajem se, pomilujte me, milost...
– Sada pripadaš šumi. Šuma je gubitak sebe, stapanje. Da bi se sjedinio s nama, moraš da izgubiš sebe, da otrgneš ono što si sam, da se ras-

komadaš, da se pretvoriš u nešto neodređeno i sjediniš s mnoštvom menada koje podvriskujući jure šumom.

— Ne! — videsmo kako iz njegovog nemog grla izlazi krik, ali poslednja karta je već dopunjavala priču, bila je to *Osmica Mača*; oštra sečiva razbarušenih Kibelinih sledbenica ustremiše se na njega i raskomadaše ga.

Priča o alhemičaru koji je prodao dušu

Još uvek smo bili ganuti ovom pričom, kad neki drugi gost dade znak da želi nešto da kaže. Jedan deo vitezove priče posebno je privukao njegovu pažnju – slučajni sklad između karata u dva niza: *Kec Pehara* i *Sveštenica*. Da bi pokazao kako je lično pogođen ovom kombinacijom, desnom rukom u visini ove dve karte pokaza figuru *Kralja Pehara* (koja bi mogla da prođe kao njegov portret iz mladosti, mada preterano laskav), i *Osmicom Štapa,* s leve strane, nastavi da ređa niz.

Tumačenje ovog niza karata koje nam prvo pade na pamet, uz nastojanje da fontani pripišemo dah senzualnosti, bilo je da je naš prijatelj imao ljubavni odnos s nekom monahinjom u šumi, ili pak da joj je ponudio mnogo pića, pošto se, kad se bolje zagleda, činilo da izvor potiče iz burenceta s vrha prese za grožđe. Ali, melanholična nepokretnost čovekovog lica otkrivala je zaokupljenost meditacijom koja kao da je isključivala ne samo telesnu strast, već i oprostiva zadovoljstva trpeze i gostionice. Visoka meditacija se sigurno odnosila na našeg junaka, mada njegov, ipak ovozemaljski izgled, nije ostavljao mesta sumnji da se u meditaciji više bavio Zemljom nego Nebom. (I tako dođosmo do još jednog mogućeg tumačenja – izvor je predstavljao posudu za svetu vodicu.)

18

Najverovatnija je (kako meni tako i ostalim nemim posmatračima) ipak bila pretpostavka da karta predstavlja Izvor Života, najvišu tačku alhemičarskog istraživanja, i da je naš sused bio jedan od onih mudraca koji vrše oglede u posudama za destilaciju i spiralnim cevima, u menzurama i retortama, u flašicama i bocama (po uzoru na komplikovanu bočicu koju u ruci drži njegova kraljevski odevena figura) s namerom da prirodi otrgne njene tajne, naročito onu koja se odnosi na transformaciju metala.

Treba verovati da on još od najranije mladosti (to je, uostalom, i bio smisao portreta s crtama lica iz mlađih dana, portreta koji je istovremeno mogao da aludira i na eliksir života) nije imao druge strasti (iako je izvor i dalje ostajao simbol ljubavi) osim da spaja hemijske elemente; godinama je čekao da vidi kako se iz smese sumpora i žive polako odvaja žuti kralj sveta minerala, ostajući u mutnim talozima, za koje se, pak, svaki put na kraju ispostavljalo da su samo bedne strugotine olova, ostaci zelenkaste smole. Konačno poče da traži savete za svoja istraživanja ili pomoć od žena koje su se u to vreme sretale po šumama, žena-stručnjaka za čarobne napitke i magične bućkuriše, posvećene umetnosti vradžbina i proricanja budućnosti (poput one koju je s praznovernim poštovanjem označio kao *Sveštenicu*).

Karta koja je sledila, *Car*, mogla je da se odnosi na predskazanje šumske veštice:

– Postaćeš najmoćniji čovek na svetu.

Ne treba da čudi što je naš alhemičar sebi ovo odmah uvrteo u glavu, te je iz dana u dan čekao neverovatni preokret u svom životu. Ovaj događaj je bio naznačen kartom koja je sledila, zagonetnom arkanom broj jedan, zvanom *Opsenar*, u kojoj je poneko od nas prepoznao šarla-

tana, ili mađioničara zadubljenog u svoje ogle-
de.

Dakle, naš junak podiže pogled sa stola i ugleda čarobnjaka kako sedi naspram njega i rukuje posudama za destilaciju i retortama.

– Ko ste vi? Šta radite ovde?

– Pogledaj šta radim – sigurno odgovori čarobnjak, pokazujući staklenu bocu na peći.

Zadivljeni pogled našeg suseda, dok je bacao *Sedmicu Dinara*, ne ostavi nikakvu sumnju u vezi sa onim što je ugledao – sjaj svih rudnika Orijenta koji se pred njim otvaraju.

– Možeš li mi otkriti tajnu zlata? – verovatno upita šarlatana.

Sledila je *Dvojka Dinara* – znak razmene, te pomislismo da se radi o kakvoj kupoprodaji, trampi.

– Prodaću ti je – uzvrati nepoznati posetilac.

– Šta tražiš zauzvrat?

Svi očekivasmo odgovor: – Dušu! – ali nismo bili sasvim sigurni sve dok pripovedač ne otkri novu kartu (oklevao je na tren, a onda započe novi niz karata, u suprotnom smeru) – Đavola. On, dakle, u šarlatanu prepoznade starog gospodara svih mućki i dvosmislenosti, kao što mi tad, u našem susedu, prepoznasmo doktora Fausta.

– Dušu! – odgovori Mefisto. Ovaj pojam mogao je biti prikazan samo figurom Psihe, devojke koja svetiljkom osvetljava tminu, kako se vidi na arkani *Zvezde*. *Petica Pehara* koju nam potom pokaza, mogla bi se shvatiti kako kao alhemičarska tajna koju je Đavo otkrio Faustu tako i kao zdravica kojom je proslavljen ugovor ili, pak, kao udarci zvona koji nateraše u bekstvo paklenog posetioca. No, karta se mogla protumačiti i kao izlaganje o duši i telu kao njenom staništu. (Jedan od pet pehara naslikan je poprečno, kao da je prazan.)

– Dušu? – verovatno odgovori naš Faust – A šta ako ja nemam dušu?

No, Mefisto se nije trudio oko neke pojedinačne duše. – Od zlata ćeš sagraditi grad – reče Faustu. – Ja zauzvrat želim dušu čitavog grada. – Dogovoreno.

Đavo tada mirno nestade, cerekajući se kao da urliče. Stari stanovnik zvonika je – naviknut da, šćućuren na kiši, posmatra nizove krovova – znao da gradovi imaju jedrije i trajnije duše nego svi njihovi stanovnici zajedno.

Ostalo je još da se protumači *Točak Sreće*, jedna od najkomplikovanijih slika čitave igre tarot karata. Mogla je jednostavno da znači da je sreća postala naklonjena Faustu, ali ovo se činilo isuviše jednostavnim objašnjenjem s obzirom na to da je alhemičar stalno pričao uvijeno, uvek ponešto izostavljajući. Sasvim je bilo opravdano pretpostaviti da naš doktor, dočepavši se đavolske tajne, osmisli veliki projekat – da sve što je moguće pretvori u zlato. Onda bi točak desete arkane bukvalno predstavljao zupčanike u pokretu Velike Vodenice za Zlato, ogromnu mašineriju koja će Celi Celcati Velegrad pretvoriti u Dragoceni Metal; ljudske figure različitog doba, koje se vide kako guraju točak, ili se na njemu okreću, predstavljale bi gomile koje hitaju da pomognu u ostvarenju te ideje, gomile ljudi koji godine i godine života posvetiše okretanju zupčanika, kako bi se ovaj vrteo i danju i noću. Ovo tumačenje nije uzimalo u obzir sve detalje minijature (na primer, uši i životinjske repove koji su krasili neke od ljudskih bića u stalnom obrtanju), ali je predstavljalo osnovu za čitanje sledećih karata *pehara* i *dinara*, poput Kraljevstva Izobilja po kome plove stanovnici Zlatnog Grada. (Žuti krugovi u nizu podsećali

21

su na blistave kupole zlatnih oblakodera koji se pružaju duž ulica Velegrada.)

Ali, kada će Račvasti Uterivač naplatiti ugovorenu cenu? Dve karte koje su završavale priču već su bile na stolu, položio ih je još prvi pripovedač. Bile su to *Dvojka Mača* i *Umerenost*.

Na kapijama Zlatnog grada naoružani stražari preprečili bi put svakome ko bi pokušao da uđe, onemogućavajući pristup Inkansantu Račvastog Stopala, u kojem god obliku da se pojavi. Pa čak i kad im se primače obična devojka, poput one na poslednjoj karti, stražari zapovediše: stoj.

– Zalud zatvarate kapije – ovakav smo odgovor mogli da očekujemo od devojke vodonoše – ja i ne pomišljam da uđem u Grad sačinjen od čvrstog metala. Mi, stanovnici nepostojanosti, posećujemo samo elemente koji teku i mešaju se.

Da to nije bila kakva vodena nimfa? Ili kraljica vazdušnih đavolčića? Anđeo tečne vatre iz središta Zemlje?

(Možda je, kad se dobro zagleda *Točak Sreće*, preobražaj u životinju predstavljao samo prvi korak ljudske regresije na nivo biljaka i minerala.)

– Plašiš li se da će naše duše pasti u ruke Đavola? – upitaše ljudi iz Grada.

– Ne, jer nemate dušu koju biste mu dali.

Priča o prokletoj nevesti

Ne znam koliko je nas na neki način uspelo da odgonetne priču, a da se ne izgubi u svim tim lošim kartama s peharima i novčićima koje su iskakale baš kada smo najviše želeli jasnu ilustraciju činjenica. Pripovedač nije bio mnogo komunikativan, možda stoga što je njegov duh bio skloniji strogosti apstrakcije nego jasnoći slika. Sve u svemu, neki od nas su se zabavljali, ili pak zadržavali na izvesnim kombinacijama karata, ne uspevajući više da prate priču.

Tako jedan od nas, ratnik tužnog pogleda, poče da se bori sa *Žandarom Mača* koji je veoma ličio na njega i sa *Šesticom Štapa*, kojima pridruži *Sedmicu Dinara* i *Zvezdu*, kao da požele da izvuče vertikalni niz za svoj račun.

Možda su njemu, vojniku izgubljenom u šumi, ove karte iza kojih je došla *Zvezda*, označavale nejasnu svetlost, poput kakvog varljivog ognja; ta svetlost ga privuče na proplanak između drveća gde mu se prikaza devojka zvezdanog bledila što po noći, u spavaćici, raspuštene kose, lutaše visoko držeći upaljenu sveću.

Bilo kako bilo, pripovedač hladnokrvno nastavi svoj vertikalni niz i spusti dve karte *Mača*: *Sedmicu* i *Kaljicu*, spoj koji je bilo teško protumačiti, ili koji je pak zahtevao dosetku sledećeg tipa:

– Plemeniti viteže, preklinjem te, skini oružje i oklop i dopusti da ih ja na sebe stavim! – (Na minijaturi *Kraljica Mača* je obučena u oklop sastavljen od posebnog dela za ruku, lakat i šaku, oklop koji, poput gvozdenog kombinezona, strši preko izvezenog ruba blistavo svilenih rukava.) – Omamljena, obećala sam sebe nekome čijeg se zagrljaja sada gnušam, a on će večeras doći i zahtevati da održim datu reč! Već čujem kako se približava! Oklopljenu, neće moći da me ščepa! Ah, spasite progonjenu devojku!

Ne treba sumnjati da je ratnik uslišio ovu molbu. Obukavši oklop, jadnica se pretvori u kraljicu turnira, poče da se šepuri, umiljava. Osmeh putene radosti zažari bledilo njenog lica.

Tu počinje niz loših karata u kojima smo se teško snalazili. *Dvojka Štapa* (znak raskršća, izbora), *Osmica Dinara* (skriveno blago), *Šestica Pehara* (ljubavna gozba).

– Tvoja ljubaznost zaslužuje nagradu – verovatno reče žena iz šume. – Izaberi nagradu koju više želiš. Mogu ti podariti bogatstvo, ili...

– Ili?

– Mogu ti podariti sebe.

Ratnik rukom kucnu kartu *pehara* – izabra ljubav.

Za nastavak priče morali smo da koristimo maštu: on već obnažen, ona zbaci tek navučeni oklop; između bronzanih pločica naš heroj stiže do oble i nabrekle dojke, zavuče se između oklopa i toplog bedra...

Vojnik je bio uzdržan i stidljiv, te se nije zadržavao na pojedinostima; sve što je umeo da nam saopšti bilo je da karti *Pehara* pridruži po-

24

zlaćenu kartu *Dinara*, setna izraza lica kao da uzvikuje: – Činilo mi se da ulazim u Raj...

Slika koju potom spusti potvrdi predstavu ulaska u Raj, ali istovremeno naglo prekide slatki zanos – beše to *Papa* stroge bele brade, poput prvog između prvosveštenikâ, sada čuvara Nebeskih Vrata.

– Ko to priča o Raju? – Na nebu, visoko iznad šume, pojavi se sveti Petar na prestolu i zagrme: – Za ovu su naša vrata zauvek zatvorena!

Način na koji je pripovedač položio novu kartu – brzim pokretom ali skrivajući je, a drugom rukom zatvorivši oči – kao da nam je pripremao otkrovenje. Spustivši pogled s pretećeg nebeskog praga, vrati se na damu u čijem je zagrljaju ležao, i ugleda štitnik oklopa koji više nije uramljivao lice zaljubljene golubice, ni lukave jamice na obrazu, niti maleni prćasti nos, već zube bez desni i usta, dve nozdrve iskopane u kosti, žute jagodice lobanje, te oseti kako se s njegovim udovima prepliću ukrućeni udovi leša.

Jeziva pojava arkane broj trinaest (natpis *Smrt* ne postoji ni u špilovima karata u kojima sve velike arkane imaju ispisan naziv) u svima nama izazva nestrpljenje ne bi li saznali ostatak priče. Da li je *Desetka Mača*, koja tada stiže, predstavljala prepreku koju su napravili arhanđeli da prokletoj duši onemoguće pristup na Nebo? Da nije *Petica Štapa* oglašavala prolazak kroz šumu?

U tom trenutku kolona karata se nadovezivala na *Đavola* koga je tu ostavio prethodni pripovedač.

Nisam morao mnogo da nagađam da bih shvatio da iz šume izađe verenik koga se pokojna nevesta toliko plašila – Belzebub lično – i uzviknu: – Lepa moja, završila si s mešanjem karata po stolu. Sve tvoje oružje i oklopi (*Četvorka Mača*) za mene ne vrede ni prebijene pare (*Dvojka Dinara*) – i odvuče je pravo pod zemlju.

Priča o kradljivcu grobova

Još se ne osuši hladan znoj s mojih leđa, a već počeh da pratim novog suseda u kome kvadrat *Smrt, Papa, Osmica Dinara* i *Dvojka Štapa* kao da pobudi neke druge uspomene. Sudeći po tome kako je kružio pogledom i krivio glavu, činilo se da ne zna s koje strane da mu priđe. Kada konačno na rub kvadrata spusti *Žandara Dinara*, lik u kome je bilo lako prepoznati njegov izazivački nadmen izraz, shvatih da i sam želi nešto da ispriča i da se ova priča odnosi na njega.

Šta je ovaj cinični momak mogao da podeli s nama pokazujući arkanu broj trinaest što priziva jezivo kraljevstvo kostura? On sigurno nije bio od onih ljudi koji šetaju grobljem i meditiraju, osim s nekim zlim naumom; recimo, da provali grobnice i od mrtvih pokrade dragocene predmete koje su nesmotreno poneli sa sobom na poslednje putovanje...

Obično se velikani sa zemlje sahranjuju sa obeležjima svog visokog položaja – zlatnim krunama, prstenjem, žezlima, odećom sa blistavim pločama. Ako je ovaj mladić zaista bio kradljivac grobnica, on je sigurno po grobljima tražio najčuvenije grobnice, na primer *Papinu*, pošto prvosveštenici i u njih silaze u svom sjaju svoje odore. Lopov verovatno, jedne noći bez

mesečine, podiže teški poklopac grobnice koristeći *Dva Štapa* i spusti se u nju.

A onda? Pripovedač spusti *Keca Štapa* i rukom načini uzlazni pokret kao da pokazuje kako nešto raste. Na tren posumnjah da sam sasvim pogrešio u svojoj pretpostavci, pošto je ovaj pokret bio u potpunoj suprotnosti s kradljivčevim uranjanjem u papsku grobnicu. Osim ako ne pretpostavimo da se iz tek otvorene grobnice promolilo stablo uspravnog i veoma visokog drveta, i da se kradljivac uz njega uzverao, ili pak osetio da ga nešto, kroz lisnate krošnje ove biljke, vuče uvis, ka vrhu.

Na sreću, koliki god nitkov bio ovaj mladić, bar se u priči nije ograničavao samo na to da ređa karte jednu za drugom (nastavljao je reђajući parove karata u dvostruki horizontalni niz, s leva na desno), nego se pomagao dobro odmerenom gestikulacijom i time naš zadatak učini jednostavnijim. Tako sam shvatio da je *Desetkom Štapa* želeo da opiše pogled na groblje, onako kako ga je video odozgo, s vrha drveta, sa rakama poređanim na postolja duž aleja. Verovatno je arkanom pod nazivom *Anđeo* ili *Pravda* (na kojoj anđeli oko nebeskog trona sviraju buđenje posle koga se otvaraju grobnice) samo hteo da podvuče da je grobnice gledao odozgo, onako kako će ih stanovnici neba videti Sudnjeg dana.

Naš junak, uzveravši se poput kakvog derana, na vrhu drveta stiže do visećeg grada. Mislim da sam tako shvatio najveću od svih arkana, *Svet*, koja je u ovom špilu karata bila predstavljena gradom koga, dok pluta po talasima i oblacima, drže dva krilata Amora. Beše to grad čiji su krovovi dodirivali nebeski svod, poput Vavilonske *Kule*, koju nam potom prikaza nova arkana.

28

– Ko siđe u provaliju Smrti i popne se na Drvo Života – zamišljao sam kako je ovim rečima dočekan neželjeni hodočasnik – stiže u Grad Mogućeg, odakle se vidi Sve i gde se prave Izbori.

Pripovedačeva mimika tu više nije pomagala i opet morasmo da pravimo pretpostavke. Zamislismo da naš lupež, dospevši u grad Celine i Delova, ču kako mu se neko obraća:

– Želiš li bogatstvo (*Dinari*) ili snagu *(Mačevi*) ili, pak, mudrost (*Pehari*)? Izaberi, odmah!

Nepopustljiv, blistavi arhanđeo, *Konjanik Mača*, obrati mu se tim pitanjem, a naš junak spremno uzviknu: – Biram bogatstvo (*Dinari*).

– Dobićeš *Štapove!* – odgovori arhanđeo na konju, dok su se grad i drvo rastapali u dimu vatre, i veliki kradljivac se, uz pucketanje izlomljenih grana, bučno strmoglavi posred šume.

Priča o Orlandu koji je poludeo od ljubavi

Sada karte, rasprostrte na stolu, obrazovaše potpuno zatvoreni kvadrat s jednim praznim prozorom u centru. Nad njega se nadvi jedan od naših suseda koji je do tada izgledao odsutno, s pogledom koji mu je lutao unaokolo. Beše to krupan ratnik; podizao je ruke kao da su mu od olova i polako okretao glavu kao da mu teret misli pritiska potiljak. Nekakav duboki očaj morio je ovog kapetana koji je, sigurno nekada davno, u nekom ratu, bio pogubna munja.

Sliku *Kralja Mača*, koja je jednim portretom nameravala da prikaže njegovu ratničku prošlost i tužnu sadašnjost, spusti uz levi rub kvadrata, u nivou *Desetke Mača*. Istog trena naše oči kao da zaslepi prašina bitke, začusmo zvuk truba, koplja se razleteše u paramparčad, konjske njuške se sudaraše mešajući raznobojnu penu, dok mačevi, malo s boka malo pljoštimice, nasrnuše malo s boka malo pljoštimice na neke druge mačeve, a tamo, gde su još uvek živi neprijatelji u obruču uskakali u sedla a iskočivši iz njih ne nađoše konje nego grob, tamo, u centru tog kruga nalazio se paladin Orlando koji je sanjao svoju Durlindanu[*]. Prepoznasmo ga, i on

---

[*] Ime Orlandovog mača *(prev.)*.

poče da nam priča svoju priču, mučnu i isprekidanu, teškim gvozdenim prstom pritiskajući svaku od poređanih karata.

Potom pokaza *Kraljicu Mača*. U liku ove plavokose devojke, koja se usred naoštrenih sečiva i gvozdenih ploča pomalja sa svojim neuhvatljivim, čulnim osmehom, prepoznasmo Anđeliku, čarobnicu koja je, zbog poraza franačke vojske, došla iz Kitaja, i tek tada postadosmo sigurni da je grof Orlando još uvek zaljubljen u nju.

Posle nje ukaza se praznina; Orlando tu položi *Desetku Štapa*. Videsmo kako se šuma nevoljno otvara pred napredovanjem našeg prvaka; jelove iglice nakostrešiše se poput ježevih bodlji, hrastovi naduvaše mišićave grudi svojih stabala, bukve otkriše korenje iz zemlje da bi omele njegov korak. Kao da je cela šuma govorila: – Ne idi! Zašto napuštaš metalna polja rata – kraljevstvo nepostojanosti i sudbine, tebi tako bliske pokolje u kojima se ističe tvoja sposobnost da rušiš i odbacuješ, i izlažeš opasnosti zelene sluzave prirode, vrtlozima životne postojanosti? Šuma ljubavi, Orlando, nije za tebe! Goniš neprijatelja a ne postoji štit koji te može odbraniti od njegovih zamki. Zaboravi Anđeliku! Vrati se!

No, Orlando ne sasluša ove savete i samo je jednim priviđenjem bio zaokupljen. Ovo priviđenje je predstavila sedma arkana koju tada spusti na sto – *Kola*. Umetnik je raskošnom srmom naslikao minijaturu na ovoj tarot karti, ali u *Kola* nije stavio kralja, kao što se vidi na kartama koje se najčešće koriste, već ženu u haljini čarobnice ili orijentalne vladarke koja uzdama drži dva bela krilata konja. Tako je bunovna Or-

31

landova mašta zamišljala začarani Anđelikin hod po šumi; sledio je trag letećih klompi lakših od leptirovih nogu – zlatni oblak prašine po lišću koji neki leptiri ostavljaju da se ne bi izgubili.

Jadan on! Nije znao da u najvećoj dubini šume, nežan i vatren ljubavni stisak sjedinjuje Anđeliku i Medora. Da bi to otkrio bi neophodna arkana *Zaljubljeni*, lik čežnjiva pogleda kakav je naš slikar minijature umeo da podari zaljubljenima. (Počesmo da shvatamo da je svojim čeličnim rukama i rasejanim izgledom Orlando, još od samog početka, za sebe čuvao najlepše karte ovog špila, puštajući druge da mucaju svoje zgode i nezgode uz zvuke pehara, štapova, zlata i mačeva.)

Istina se konačno probi do Orlandovog uma: u vlažnoj dubini ženske šume nalazi se hram Erosa gde važe druge vrednosti od onih o kojima odlučuje njegova Durlindana. Anđelikin miljenik nije neki od slavnih vojskovođa, nego momak iz pratnje, vitak i lepuškast poput kakve devojke, a njegov uveličani lik pojavi se na sledećoj karti – *Žandar Štapa*.

Kud su utekli ljubavnici? Kud god da su krenuli, suviše je tanana i nestalna bila materija od koje su sazdani da bi izazvala gvozdene paladinove ručerde. Kada više nije bilo sumnje da je došao kraj njegovim nadanjima, Orlando načini nekoliko neodmerenih pokreta – isuka mač, mamuzom podbode konja, nogom povuče uzengiju – a onda se nešto u njemu prelomi, ugasi se svetlost njegovog uma, i on ostade u mraku.

Sada most naznačen kartama kvadrata dodiruje suprotnu stranu, u visini *Sunca*. Mali leteći amor beži odnoseći svetlost Orlandovog uma, i lebdi nad zemljom Francuskom koju su oteli Nevernici, nad morem čije talase nekažnjeno seku saracenske galije, sada kad najsnažniji junak hrišćanskog sveta leži uma pomračenog ludilom. *Snaga* zatvori niz. Sklopih oči. Zastade mi dah kad videh kako se ovaj cvet viteštva pretvara u slepu telursku eksploziju, poput kakvog ciklona ili zemljotresa. Kao što je nekad Durlindana kosila muhamedanske čete, tako je sada kovitlanje Orlandovog buzdovana obaralo divlje zveri koje su, u haosu najezde, iz Afrike prešle na obale Provanse i Katalonije; zućkastocrveni krzneni mačji pokrov, šaren od raznobojnih pega, prekriće polja koja posle Orlandovog prolaska postadoše pustinje; ni oprezni lav, izduženi tigar, niti stegnuti leopard neće preživeti taj pokolj. A potom će doći red na slona, otorinocerosa, rečnog konja ili nilskog konja; silne naslage kože debelokožaca prostirale su se po žuljevitoj, jalovoj Evropi.

Čelično tvrdoglavi pripovedačev prst započe novi pasus, poče da sriče donji red, sleva. Videh (i čuh) tresak hrastovih stabala iščupanih iz korena mahnitošću *Petice Štapa*, oplakah dokolicu Durlindane koja ostade obešena o jedno drvo i zaboravljena na *Sedmici Mača*, osudih rasipanje energije i dobara na *Petici Dinara* (koja, za ovu priliku, bi ubačena u prazan prostor).

Karta koju sada polaže, tamo u sredinu, jeste *Mesec*. Hladan odsjaj blista po tamnoj zemlji. Nimfa mahnita izgleda podiže ruku prema pozlaćenom nebeskom srpu, kao da svira harfu. Doduše, struna na njenom luku visi pokidana: Mesec je poražena planeta, a Zemlja – osvajačica, zarobljenik Meseca. Orlando hoda sada već

33

lunarnom Zemljom. Karta *Luda*, koja nam se odmah potom prikaza beše više nego rečita. Orlando iskali nalet svog najvećeg besa, te s buzdovanom o ramenu koji je visio kao udica, mršav poput lobanje, dronjav, bez čakšira, glave pune perja (u kosi mu ostadoše kojekakve stvarčice, perje drozda, iverci kestena, iglice šimširike, kišne gliste što sisaju ugašene mozgove, gljive, mahovina, babuške, čašični listići) siđe dole, u srce haosa, u centar kvadrata tarot karata i sveta, u tačku preseka svih mogućih poredaka.

A njegov razum? *Trojka Pehara* nas podseti da se on nalazio u bočici pohranjenoj u Dolini Izgubljenih Razuma, ali kako je karta prikazivala jedan oboreni putir između dva uspravna, bilo je verovatno da u tom spremištu nije bilo Orlandovog razuma.

Poslednje dve karte u nizu nalazile su se na stolu. Prva beše *Pravda* koju smo već ranije sreli, sa ukrasom koji predstavlja ratnika u galopu. Beše to znak da su vitezovi Karla Velikog sledili tragove svog čelnika, bdeli nad njim, i da se nisu libili da svoje mačeve stave u službu Razuma i Pravde. Znači li to da plavokosa presuditeljka s mačem i terazijama beše slika Razuma, i da je, u svakom slučaju, Orlando morao da se s njom suoči, kako bi sveo račune? Možda je to Razum pripovedanja koji tinja ispod Slučaja što kombinuje razbacane karte? Ne znači li to da gde god se Orlando okrenuo, dolazi trenutak kad će ga sčepati i vezati, i u grlo mu zabosti odbačeni um?

Na poslednjoj karti vidi se vezani paladin, glave okrenute nadole kao *Obešeni*. Evo kako njegovo lice konačno postaje spokojno i blistavo, a oko bistro kakvo nikada ranije nije bilo. Šta govori? Kaže: – Ostavite me ovako. Sve sam prošao i sve sam video. Svet se čita naopačke. Sve je jasno.

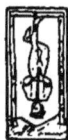

Priča o Astolfu na Mesecu

Želeo sam da prikupim i druga svedočenja u vezi sa Orlandovim razumom, posebno od onoga koji je njegovo spasavanje shvatio kao svoju obavezu, dokaz svoje dovitljive odvažnosti. Želeo sam da je i Astolfo s nama. Među gostima koji još uvek ništa nisu ispričali, nalazio se i neki sitan momak poput džokeja ili kakvog vragolana, koji bi s vremena na vreme naglo poskočio, ćurlikajući kao da je njegovo i naše uporno ćutanje prava prilika za zabavu bez premca. Pogledavši ga bolje, primetih da bi to mogao biti on, i jasno ga pozvah da priča pruživši mu sliku iz špila koja mi se činila da mu je najviše nalik – veselo propinjanje *Konjanika Štapa*. Nasmejani momčić pruži ruku, ali umesto da uzme kartu, on je baci uvis pucnuvši palcem i kažiprstom. Karta se zanjiha kao list na vetru, te pade na sto blizu osnove kvadrata.

Sada više nije bilo otvorenih prozora u centru mozaika i malo je karata ostalo van igre.

Engleski vitez uze *Keca Mača* (prepoznah Orlandovu Durlindanu kako besposlena ostade obešena o granu...) i približi je do mesta na kome se nalazio *Car* (prikazan s belom bradom i otmenom razboritošću Karla Velikog na prestolu...) kao da se sprema da se svojom pričom vrati na vertikalni niz: *Kec Mača, Car, Devetka Pehara....* (Pošto se Orlandovo odsustvo iz franačkog logora odužilo, kralj Karlo je pozvao Astolfa da na gozbi sedne pored njega...) Zatim je dolazila *Luda*, do pola odrpana od pola gola, s perjem na glavi, i *Ljubav*, krilati bog, koji sa spiralnog postolja strelicama gađa nesrećno zaljubljene.

(– Ti, Astolfo, svakako znaš da je glavni od svih naših paladina, potomak naš Orlando, izgubio svetlost koja deli čoveka i razumne životinje od ludih životinja i ljudi, pa sada, opsednut, juri šumama, i obasut ptičjim perjem odgovara samo na pijuk ptica kao da nikakav drugi jezik više ne razume. I bila bi sreća da ga je u takvo stanje dovelo loše shvaćena predanost hrišćanskim pokorama, samokažnjavanje, izlaganje telesnim mukama i kažnjavanje zarad gordosti duha, jer bi tada šteta na neki način mogla da se uravnoteži duhovnom korišću; u svakom slučaju, bila bi to činjenica s kojom bismo mogli, pa dobro, ne kažem baš da se pohvalimo, ali bismo o tome mogli da pričamo ne stideći se, makar tu i tamo odmahujući glavom; no, nevolja je što ga je na ludost nagnao Eros, paganski bog, koji sve više hara što se više guši...)

Red se nastavljao *Svetom*, gde se vidi utvrđeni grad s bedemima svuda unaokolo – Pariz okružen bedemima, mesecima pritisnut saracenskom opsadom, grad s *Kulom* koja verodostojno prikazuje leševe bačene s nasipa među mlazeve ključalog ulja i opsadno oružje na delu; tako bi opisana vojna situacija (možda rečima Karla Velikog: – Neprijatelj pritiska u podnožju brežuljaka Monmartra i Monparnasa, probija se ka Menilmontanu i Monteroju, podmeće vatre na Dofenovoj i Lilskoj kapiji...) i nedostaje još samo poslednja karta, *Devetka Mača*, pa da se s tračkom nade zaključi (govor

37

je morao ovako da se okonča: – Samo naš potomak može nas povesti u iznenadni napad koji će preseći obruč gvožđa i vatre... Pođi, Astolfo, pronađi Orlandov razum, gde god da se izgubio, i vrati ga – to je naš jedini spas! Hrli! Poleti!)

Šta je Astolfo mogao da učini? U ruci je imao još jednu dobru kartu – arkanu pod nazivom *Pustinjak*, ovde predstavljenu grbavim starcem s peščanim satom u ruci, prorokom koji okreće nepovratno vreme i pre drugih vidi ono što dolazi. Astolfo se obrati ovom mudracu ili čarobnjaku da sazna gde da traži Orlandov razum. Pustinjak iščita zrnca peska koja proticahu u peščaniku, a mi se pripremismo da iščitamo drugi red priče, odmah tu, s leve strane, odozgo nadole: *Pravda, Desetku Pehara, Kola, Mesec...*

Treba da se popneš na mesec, Astolfo – anđeoska arkana *Pravde* označavala je nadljudsko uzdizanje – gore, na bleda mesečeva polja, gde se u jednom beskrajnom spremištu čuvaju bočice poređane u niz – (kao na karti *Pehara*), priče koje ljudi ne prožive, misli koje jednom pokucaju na prag svesti i zauvek izčeznu, delići mogućeg izbačeni iz igre slučajnih podudarnosti, rešenja do kojih bi se moglo doći ali se nikad ne dolazi...

Da bi se popelo na Mesec (arkana *Kola* davala nam je površan, ali poetičan podatak), običaj je da se koriste ukrštene rase krilatih konja ili Pegazi i Hipogrifi; vile ih uzgajaju u zlatnim štalama da bi ih potom upregle u dvokolice koje vuku dva ili tri konja. Astolfo je imao svog Hipogrifa, te uskoči u sedlo. Vinu se u nebeska prostranstva. Mlad mesec dolazio mu je u susret (na tarot karti, *Mesec* je bio naslikan nežnije nego što seoski slikari predstavljaju letnju noć u drami o Piramu i Tizbi, ali podjednako jednostavnim alegorijskim sredstvima...).

Na red dođe baš *Točak Sreće*, onda kada smo očekivali iscrpniji opis mesečevog sveta koji bi nam omogućio da se prepustimo starim maštarenjima o svetu postavljenom naopačke – svetu gde je magarac kralj, a čovek četvoronožac, gde mladići upravljaju starcima a mesečarke drže kormilo, gde se stanovnici grada kovitlaju kao veverice u vrtlogu kaveza; svetu sa svim paradoksima koje mašta može da rasklopi, a potom ponovo sklopi.

Astolfo, i sam Bezrazložni vitez, pođe da traži Razum u Bezrazložnom svetu. Koju mudrost poneti kao zemaljsko pravilo sa ovog Meseca pesničkog zanosa? Ovo pitanje vitez pokuša da postavi prvom stanovniku koga srete na Mesecu – liku naslikanom na arkani broj jedan, *Opsenaru*, čiji su naziv i slika spornog značenja, ali koji ovde može da se shvati – zbog pera koje drži u ruci kao da piše – i kao pesnik.

Na belim mesečevim poljima, Astolfo srete pesnika, s namerom da u tkanje svoje priče ubaci rime oktave, nizove književnih zapleta, razuma i bezumlja.

Ako on živi tu, na Mesecu, ili pak Mesec obitava u njemu, kao njegovo najdublje jezgro, reći će nam da li je istina da Mesec sadrži univerzalni rimarijum reči i stvari, nije li to svet pun smisla, nasuprot besmislu Zemlje.

– Ne, Mesec je pustinja – odgovori pesnik, sudeći po poslednjoj karti koja bi spuštena na sto – ogolela kružnica *Keca Dinara*. Sa ove jalove kugle potiču sve priče i svi epovi, i svako putovanje kroz šume, bitke, riznice, gozbe, ložnice, vraća nas ovde – u centar praznog horizonta.

Sve druge priče

Kvadrat je sada sasvim ispunjen kartama i pričama. Karte celoga špila brbljaju pa stolu. Zar tu nema moje priče? Ne uspevam da je prepoznam među drugim pričama, toliko se gusto međusobno prepliću. U stvari, zbog zadatka da odgonetam priče, jednu za drugom, zanemario sam najznačajniju posebnost našeg načina pripovedanja – da jedna priča, hrli u susret drugoj, i dok jedan gost napreduje svojom prugom, drugi, s drugog kraja ide mu u susret u suprotnim smeru, jer se priče koje se pripovedaju sleva na desno i odozdo nagore, mogu čitati i zdesna na levo ili odozgo nadole, i obrnuto, pošto iste karte, kada se predstave drugačijim redom, često menjaju značenje, pa ista karta istovremeno služi pripovedačima koji polaze sa četiri različite strane sveta.

Tako, dok Astolfo počinje da priča svoju pustolovinu, jedna od najlepših dama iz društva, predstavljajći se profilom zaljubljene žene – *Kraljice Dinara*, na krajnju tačku njegovog puta spušta *Pustinjaka* i *Devetku Mača*, koji su joj potrebni, jer njena priča upravo njima počinje: ona se obraća proroku da sazna kako će se okončati rat zbog koga je već godinama zatočena u gradu koji joj je stran, a *Pravda* i *Kula* donose joj vest da su bogovi već odavno odlučili o padu Troje. U stvari, onaj utvrđeni i opkolje-

ni grad koji je u Astolfovoj priči bio Pariz koga Mavari tako strastveno žele, ona, koja je verovatno bila uzrok dugog rata, vidi kao Troju. Znači, ove gozbe s kojih odzvanja pesma i neprijatan zvuk citri (*Desetka Pehara*) pripremaju Ahajci za toliko željeni dan zauzimanja Troje.

No, u isto vreme druga *Kraljica* (ona uslužna, *Kraljica Pehara*) svojom pričom ide u susret Orlandovoj, istim putem, polazeći od *Snage* i *Obešenog*. U stvari, ova kraljica posmatra divljeg razbojnika (tako su joj ga bar opisali) koji je, pod *Suncem*, osudom *Pravde*, obešen o neku spravu za mučenje. Smilova se na njega, približi mu se, napoji ga (*Trojka Pehara*), te uvide da je on spretan i mio mladić (*Žandar Štapa*).

Oko arkana *Kola*, *Zaljubljeni*, *Mesec*, *Luda* (koje su prethodno opisivale Anđelikin san, Orlandovo ludilo, Hipogrifovo putovanje), borile su se dve priče. Prva o vidovnjakovom proročanstvu Jeleni iz Troje: – S pobednicima će ući žena na kočiji, kraljica ili boginja, i tvoj će se Paris odmah u nju zaljubiti – što će naterati lepu i nevernu Menelajevu ženu da, po mesečini, skrivena skromnom odećom, iz opsednutog grada pobegne samo u pratnji dvorske lude. Drugu priču, istovremeno, pripoveda neka druga kraljica, o tome kako se zaljubila u zatočenika, kako ga je cele noći oslobađala, i na kraju pozvala da, preobučen u skitnicu, pobegne i sačeka da ga ona, u šumskoj tmini, stigne svojom kraljevskom kočijom.

Ove dve priče potom teku istovremeno, svaka prema svom ušću. Dok Jelena stiže do Olimpa (*Točak Sreće*) i pojavljuje se na gozbi (*Pehari*) bogova, druga, u šumi (*Štapovi*), zalud, sve do prvog zlaćanog jutarnjeg sjaja čeka čoveka kojeg je oslobodila. A onda prva, obraćajući se uzvišenom Zevsu (*Car*) završava: – Reci pesniku (*Opsenar*) koji više nije slep i ovde na Olimpu sedi među Besmrtnima, te niže vanvremene stihove u ovozemaljske epove koje će potom pevati drugi pesnici, da samo za jednu milost (*Kec Dinara*) molim Nebesa – da u epu o mojoj sudbini napiše: pre nego što je Paris izdade, Jelena se podade Odiseju u samoj utrobi Trojanskog konja (*Konjanik Štapa*)! Sudbina druge nije bila ništa izvesnija, jer začu kako joj se obraća božanstvena ratnica *(Kraljica Mača)* koja joj je, na čelu vojske, dolazila u susret: – Kraljice noći, čovek koga si oslobodila je moj; pripremi se za borbu! – i borba s ovom vojskom dana, među šumskim drvećem, ne završi se sve do zore!

Istovremeno treba imati na umu da opkoljeni Pariz ili Troja na karti *Sveta*, ili nebeski grad u kradljivčevoj priči, postaje podzemni grad u priči jednog od nas koji se predstavio jakim, druželjubivim crtama lica (*Kralj Štapa*), i koji ovde stiže pošto se u čarobnoj šumi snabdeo toljagom neverovatne moći i pratio nepoznatog ratnika s crnim oružjem što se hvalio svojim bogatstvom (*Štapovi, Konjanik Mača, Dinari*). U kafanskoj svađi (*Pehari*) tajanstveni prijatelj s puta odluči da rizikuje žezlo grada (*Kec Štapa*). Ova borba toljagama išla je na ruku našem junaku – Evo ti gospodaru, reče mu Nepoznati iz Grada Smrti. – Znaj da si pobedio Vladara Nepostojanosti – i skinuvši masku otkri svoje pravo lice (*Smrt*) – žutu, pljosnatu lobanju.

Kad se zatvori Grad Smrti, niko više nije mogao da umre. Otpoče novo Zlatno doba: ljudi su pirovali na sve strane, ukrštali sablje u bezopasnim kavgama i nepovređeni skakali s visokih kula (*Dinari, Pehari, Mačevi, Kula*). A grobnice, što su u bučnom veselju (*Pravda*) nastanjivali živi, behu grobnice sada već nekori-

snih groblja gde su se, pred zapanjenim pogledima anđela i Boga, sastajali veseljaci da orgijaju. No, ubrzo odjeknu upozorenje: – Otvori kapije Smrti da svet ne postane pustinja prekrivena suvim grančicama i planina ledenog metala! – A naš heroj, u znak pokore, pade ničice pred stopala gnevnog Pape (*Četvorka Štapa, Osmica Dinara, Papa*).

Taj Papa bejah ja! – kao da uskliknu drugi sused koji se predstavi pod lažnim ruhom *Konjanika Dinara* i koji, s prezirom odbacivši *Četvorku Dinara*, valjda htede reći da je napustio staru slavu papskog dvora, da bi dao poslednju pričest onima koji umirahu na bojnom polju. Onda bi *Smrt*, iza koje je stajala *Desetka Mača*, predstavljala niz raščerečenih tela između kojih je kružio preplašeni Prvosveštenik s početka priče, što su potanko ispričale iste one karte koje su ranije označavale ljubavi ratnika ili leša, ali pročitane u drugom ključu, pa je sled *Štapovi, Đavo, Dvojka Dinara, Mačevi*, pretpostavljao da se Papa, videvši pokolj, obuzet sumnjom, upita:

– Bože, zašto ovo dopuštaš? Zašto dopuštaš da se izgube tolike tvoje duše?

A glas iz šume odgovori:

– Nas dvojica delimo svet (*Dvojka Dinara*) i duše! Nije samo na njemu da dopusti ili ne! On uvek mora da svodi račune i sa mnom!

Žandar Mača na kraju niza naznači da posle ovog glasa sledi pojava ratnika prezriva izraza

– Prepoznaj u meni Princa Suprotnosti, i ja ću učiniti da svetom zavlada mir (*Pehari*), započeću novo Zlatno doba!

– Već odavno ovaj znak podseća da je Jedan pobedio Drugoga! – mogao je reći Papa, suprotstavljajući mu ukrštenu *Dvojku Štapa*.

44

Ili je, možda, karta označavala raskršće. – Postoje dva puta. Izaberi – reče Neprijatelj, ali nasred raskršća pojavi se *Kraljica Mača* (ranije čarobnica Anđelika, lepa prokletnica ili ratnica) i objavi: – Zaustavite se! Vaša svađa je besmislena. Znajte da sam ja vesela Boginja razaranja koja upravlja neprekidnim rastakanjem i ponovnim stvaranjem sveta. U opštem pokolju karte se neprekidno mešaju, a duše nemaju ništa bolju sudbinu od tela koja bar počivaju u grobu. Rat koji nema kraja potresa vaseljenu, sve do zvezda nebeskog svoda, i neće poštedeti ni duhove ni najmanje čestice materije. Po pozlaćenom sitnom prahu što lebdi u vazduhu, kada kroz tminu sobe prodru sunčevi zraci, Lukrecije posmatra borbu jedva primetnih čestica, najezde, juriše, viteške igre, vrtloge... (*Mačevi, Zvezda, Zlata, Mačevi*).

Sigurno se i moja priča nalazi u ovom spletu karata – prošlost, sadašnjost, budućnost – ali ja više ne umem da je odvojim od drugih. Šuma, zamak, tarot karte, doveli su me do cilja – da izgubim svoju priču, da je izgubim u prašini mnoštva drugih priča, da je se oslobodim. Od mene je ostala samo bezumna upornost da dovršim, zaključim, da svedem račune. Ostaje još samo da ponovo pređem dve stranice kvadrata u suprotnom smeru, i ja nastavljam samo iz tvrdoglavosti, da ne stanem na pola puta.

Gospodar zamka – krčmar čiji smo gosti htede nešto da isprica. Shvatamo da je on *Žandar Pehara* i da se neki neobični posetilac (*Đavo*) pojavio u krčmi-zamku. Bolje je nekim gostima ne nuditi nikad besplatno piće, ali, upitan da plati, posetilac sigurno odgovori:

– Domaćine, u tvojoj krčmi sve je pomešano, vino, sudbine...

– Vaše Gospodstvo nije zadovoljno mojim vinom?

– Naprotiv, veoma sam zadovoljan! Ja sam jedini koji ume da ceni sve što je ukršteno ili dvolično. Stoga hoću da ti dam više od *Dva Dinara*!

U tom trenutku *Zvezda*, sedamnaesta arkana, više ne predstavlja Psihu, ni nevestu koja je izašla iz groba, niti kakvu zvezdu nebeskog svoda, nego običnu sluškinju poslatu da naplati račun i, dok joj ruke svetlucaju od dotad neviđenih novčića, ona se vraća i uzvikuje:

– Kad biste samo znali!– Onaj gospodin!– Šta je uradio!– Prevrnuo je jedan od *Pehara* na sto i iz njega je potekla reka *Dinara!*

– Kakva je to čarolija? – uzviknu krčmar-gospodar zamka.

Posetilac je već bio na pragu. – Među tvojim peharima sada se nalazi jedan koji je isti kao i ostali, ali je čaroban. Iskoristi ovaj dar tako da se meni dopadne, u protivnom, kako si me upoznao kao prijatelja, tako ću se vratiti i sresti se s tobom kao neprijatelj! – reče i nestade.

Predomišljajući se, gospodar zamka konačno odluči da se preobuče u žonglera, ode u glavni grad i stekne moć, razmećući se zveckavim novčićima. Dakle, *Opsenar* (koga smo već videli kao Mefista ili pesnika) beše i krčmar-šarlatan koji je sanjao da postane *Car* žonglirajući svojim *Peharima*, a *Točak* (ne više Mlin za Zlato, Olimp, ili Mesečev svet) predstavljaše njegovu nameru da preokrene svet.

Pođe na put. A u šumi... Ovde je ponovo trebalo protumačiti arkanu *Sveštenice* kao Velike Prvosveštenice koja je u šumi nešto veselo i bučno proslavljala, te reče ovom putniku namerniku:

– Vrati bahantkinjama sveti pehar koji nam je ukraden! – Tako se mogla objasniti bosonoga devojka opijena vinom, u tarot kartama zvana *Umerenost*, kao i tanani rad na putiru-oltaru koji se nalazio na *Kecu Pehara*.

U tom trenutku i krupna žena, koja nam je služila piće kao marljiva krčmarica ili predusretljiva gospodarica zamka, započe svoju priču trima kartama: *Kraljicom Štapa*, *Osmicom Mača*, Sveštenicom, te nas povede da vidimo *Sveštenicu* i kao predstojnicu manastira kojoj naša pripovedačica, tada mlada vaspitanica, da bi pobedila strah koji je zavladao među monahinjama zbog rata koji se približavao, reče:

– Dopustite da vojskovođu onih koji žele da nas osvoje izazovem na dvoboj (*Dvojka Mača*)!

Naša vaspitanica je, u stvari, prekaljeni mačevalac – kako nam *Pravda* ponovo otkri – i u zoru na bojnom polju njena veličanstvena pojava tako blesnu (*Sunce*) da se princ, izazvan na dvoboj (*Konjanik Mača*), odmah zaljubi u nju. Svadbena gozba (*Pehari*) bi priređena u kraljevskom dvorcu mladoženjinih roditelja (*Carica i Kralj Dinara*) čija su lica izražavala podozrivost u odnosu na ovakvu snahu. Čim mladoženja pođe ponovo na put (udaljavanje *Konjanika Pehara*), okrutni svekar i svekrva platiše (*Dinari*) jednom razbojniku da nevestu odvede u šumu (*Štapovi*) i tamo je ubije. Tu se nasilnik (*Snaga*) i *Obešeni* otkrivaju u istoj osobi; razbojnik se ustremi na našu lavicu a ona ga, kao kakav snažan borac, veza okrenuvši mu glavu nadole.

Izmakavši zasedi, naša junakinja se preodenu u odeću krčmarice ili služavke na dvoru, i mi je tada videsmo, kako uživo tako i na arkani *Umerenost,* kako toči rujno vino (o čemu svedoče bahuski motivi na karti *Kec Pehara*). I evo sada, ona postavlja sto za dvoje dok čeka da joj

47

se vrati mladoženja, i vreba svaki pokret lisna-
tih grana šume, povlačenje svake karte ovog
špila sve dok ne stignemo do kraja igre. A onda
njene ruke rasipaju karte, mešaju ih, i kreću
ispočetka.

KRČMA UKRŠTENIH SUDBINA

Krčma

Izlazimo iz mraka; ne, ulazimo, napolju je mrak, ovde se, kroz dim, ponešto i vidi; nejasna je svetlost, poput svetlosti sveće, ali vide se boje, žute, plave, obojene mrlje na belom, na stolu, crvene, i zelene, s crnim obrisima, crteži na belim pravougaonicima razbacanim po stolu. Ima tu *štapova,* gustog granja, stabala, listova, kao maločas napolju, i *mačeva* što nas, kroz lišće zasede, oštrim udarcima seku po mraku u kome se gubimo; srećom, na kraju vidimo svetlost, neka vrata, tu je i *zlato* što blešti, *pehari,* društvo za stolom sa čašama i tanjirima, činije sa supom koja se puši, vrčevi s vinom; bezbedni smo, ali još uvek polumrtvi od straha, možemo da pričamo, imamo mnogo toga da kažemo, svako bi drugima želeo da ispriča šta ga je zadesilo, baš njega, šta je sopstvenim očima video u tom mraku, u tišini; sad je ovde bučno, šta da učinim da me čuju, ne čujem svoj glas, iz grla mi ne izlazi glas, nemam glasa niti čujem glasove ostalih, no čuju se zvukovi, nisam valjda ogluveo, čujem lupkanje tanjira, otvaranje balona, zveckanje kašikama, žvakanje, podrigivanje, pravim pokrete da kažem da sam izgubio moć govora, drugi prave iste pokrete, nemi smo, svi smo izgubili moć govora, u šumi; skupa smo za ovim stolom, muškarci i žene, dobro ili loše obučeni, uplašeni, jezivi kad se pogleda-

51

mo, sede kose, svi, mladi i stari, i ja se ogledam u jednom od tih ogledala, ogledala-karata, i sede sam kose i ja, od straha.

Kako sada da kažem da sam izgubio moć govora, reči da sam izgubio, možda čak i pamćenje, kako da se setim šta je bilo napolju, pa čak i da se nekad setim kako da nađem reči da to kažem; kako da izgovorim reči kad svi pokretima i grimasama pokušavamo da objasnimo nešto drugima, kao majmuni smo, svi. Sva sreća što su ovde te karte, tu, na stolu, špil tarot karata, onih najrasprostranjenijih, marsejskih, kako li ih već zovu, bergamske, napolitanske, pijemontske, zovite ih kako god hoćete, ako baš i nisu iste – slične su, ima ih po seoskim krčmama, u krilima Ciganki; karte naglašenih crteža i linija, nezgrapne, ali s neočekivanim, čak nerazumljivim detaljima; kao da ih je onaj ko ih je rezbario u drvetu da bi ih odštampao, svojim krupnim šakama preslikao sa kakvih savršeno promišljenih, složenih modela tanane izrade, a onda svojim okruglim dletom zapeo iz sve snage, pa kako ispadne, i, ne razmišljajući o tome šta precrtava, premazao drvo svojim bojama, i gotovo.

Svi skupa stavljamo ruke na karte, poneka od slika stavljena u niz s drugim slikama vraća mi u sećanje priču koja me je ovde dovela, pokušavam da shvatim šta mi se dogodilo i da to pokažem ostalima, koji dotle i sami prebiraju po kartama i prstom mi pokazuju ovu ili onu sliku, a ništa se ni sa čim ne slaže, otimamo karte jedni drugima iz ruku i razbacujemo ih po stolu.

Priča o neodlučnom mladiću

Jedan među nama okreće kartu, izvlači je i posmatra kao da se ogleda. I zaista, *Konjanik Pehara* izgleda isto kao on. Sličnost se ne vidi samo po uznemirenom licu razrogačenih očiju i dugoj sedoj kosi koja mu pada niz leđa, već i po rukama koje pomera po stolu kao da ne zna gde da ih stavi, dok tamo, na slici, dlanom desne ruke pridržava ogroman pehar da ne izgubi ravnotežu, a levom, vrhovima prstiju, drži uzde.

Našavši ovu kartu, mladiću se, na svim drugim kartama koje mu dođoše pod ruku, učini da prepoznaje nekakav poseban smisao, pa ih po stolu poče ređati kao da prati nit koja spaja karte jednu s drugom. Tuga koja mu se oslika na licu kad sa *Osmicom Pehara* i *Desetkom Štapa* spusti i arkanu koju, u zavisnosti od mesta, nazivaju *Ljubav* ili *Ljubavnik*, ili pak *Zaljubljeni*, nagna nas da pomislimo na ljubavne jade koji ga nateraše da ode s neke poodmakle gozbe u šumu, kako bi uzeo malo vazduha. Možda je napustio baš svoje svadbeno veselje, da bi, još na sam dan venčanja, bio slobodan kao ptica na grani.

Možda u njegovom životu postoje dve žene, a on ne ume da izabere. Baš takvog ga predstavlja crtež: još uvek plavokos, između dve suparnice; jedna, koja ga netremice požudno gleda, ščepala ga je za rame, a druga se o njega

obesila, celim telom izražavajući čežnju. Taman mu se učini da je odlučio koju da izabere za ženu i ubedi sebe da lako može da se odrekne one druge, i tako se pomiri sa sudbinom da jednu gubi svaki put kad shvati da više voli drugu. Kraj ovom premišljanju može biti samo to što može da se liši i jedne i druge, jer svaki izbor ima i naličje – odricanje, i ne postoji razlika između čina izbora i čina odricanja.

Iz ovog ćorsokaka moglo je da ga izbavi samo putovanje. Karta koju mladić sada polaže na sto jesu *Kola:* dva konja puštenih uzda vuku raskošno vozilo džombastim šumskim putevima, jer mladić ih obično tako pusti, pa kad stigne na neku raskrsnicu ne mora sam da bira. *Dvojka Štapa* označava dva ukrštena puta, konji vuku svaki na svoju stranu; a točkovi se, na slici, toliko razilaze da izgledaju kao da stoje poprečno u odnosu na ulicu, što znači da kola stoje u mestu. A ako se i kreću, opet izlazi na isto; to se događa mnogima pred kojima se granaju sve glatkije i brže ulice, pa preko visokih stubova preleću doline i prelaze planinske granite, i slobodni su da idu svugde, ali je svugde uvek isto. Vidimo ga nacrtanog tako, u pozi lažne odlučnosti, kao pobedonosnog vozača ulica koji gospodari sobom; mada on za sobom stalno vuče svoju podeljenu dušu kao dve maske razroka pogleda, poput onih koje ima na ogrtaču.

Da se odluči kojim putem treba krenuti, najbolje je prepustiti se sudbini: *Žandar Dinara* prikazuje mladića koji baca novčić: kruna ili pismo? Možda ni jedno ni drugo, novčić se kotrlja, kotrlja i uspravno zaustavlja u jednom žbunu u podnožju velikog hrasta koji raste između dva puta. *Kecom Štapa* mladić sigurno hoće da nam kaže da mu, pošto nije mogao da se odluči kojom stranom da nastavi, ništa drugo nije preostalo nego da siđe s kola i uzvere se uz čvornovato stablo, kroz granje koje se sve više i više račva i nameće mu muku izbora.

Tako se on nada da će bar dižući se s jedne grane na drugu moći da vidi dalje, da shvati kuda vode putevi; ali lišće iznad njega je gusto, ubrzo se i tlo gubi iz vida, a kad podigne pogled prema vrhu drveta zaslepe ga oštri zraci *Sunca* od kojih listovi naspram svetlosti bleште svim bojama. No, trebalo bi objasniti i šta predstavljaju ona dva dečaka koja se vide na karti; znači da je mladić, pogledavši uvis, primetio da nije sam na drvetu – dva derana su se tu pre njega uzverala.

Kao blizanci su: potpuno jednaki, bosonogi, plavokosi. Mladić tada verovatno progovori, upita: – Šta vas dvojica radite ovde? – ili: – Koliko još ima do vrha? – Dečaci mu odgovoriše nejasnim pokretima, pokazujući nešto što se, obasjano sunčevim zracima, vidi na horizontu crteža – zidine nekog grada.

Ali gde se, u odnosu na drvo, nalaze te zidine? *Kec Pehara* predstavlja grad s mnoštvom tornjeva i šiljaka i minareta i kupola koji strče iznad zidina. Ima tu i palminih listova, krila fazana, plavih ribljih peraja, i svi oni se sigurno pomaljaju iz gradskih vrtova, kaveza i akvarijuma, pa među njima možemo da zamislimo dva derana kako se jure i nestaju. Ovaj grad izgleda kao da balansira na vrhu neke piramide, koja bi opet mogla biti vrh velikog drveta, pa bi to onda bio grad, poput ptičijeg gnezda, okačen o najviše grane drveta, s temeljima koji vise poput vazdušnog korena biljaka koje rastu na vrhovima drugih biljaka.

Ruke mladića, dok polaže karte, postaju sve sporije i nesigurnije, stoga imamo dovoljno vremena da ga svojim nagađanjima pratimo, i u

tišini preturamo pitanja koja su se sigurno i njemu, kao sada nama, vrtela po glavi: – Koji je ovo grad? Da nije Grad Celine? Grad u kome su svi delovi spojeni a svi izbori uzajamno odmereni, gde se popunjava praznina koja nastaje između onoga što od života očekujemo i onoga što nam se dogodi?

Ima li koga u ovom gradu, koga bi mladić mogao nešto da upita? Zamislimo da je ušao kroz lučnu kapiju na zidinama, i da odmiče trgom u čijem se dnu nalazi visoko stepenište, a na vrhu stepeništa sedi čovek s kraljevskim obeležjima – božanstvo na prestolu ili anđeo ovenčan krunom. (Iza njegovih leđa vide se dve izbočine koje bi mogle biti naslon prestola, ali i par rđavo preslikanih krila.)

– Ovo je tvoj grad? – sigurno upita mladić.

– Ne, tvoj – bolji odgovor nije mogao da dobije – ovde ćeš naći ono što tražiš.

Zamislimo da je, tako zatečen, u stanju da izrazi neku smislenu želju. Zagrejan od pentranja, mogao je samo da kaže: – Žedan sam!

A anđeo na prestolu će: – Treba samo da izabereš iz kog ćeš bunara piti – i pokaza dva ista bunara koja se pojaviše na pustom trgu.

Dovoljno je samo da se mladić pogleda pa da se vidi kako se još jednom oseća izgubljen. Krunisani moćnik sada zamaha terazijama i mačem, obeležjima anđela koji, odozgo, iz sazvežđa Vage, bdi nad odlukama i ravnotežama. Znači li to onda da se i u Grad Celine ulazi samo izborom i odricanjem, prihvatanjem jednog i odbacivanjem drugog dela? Mogao je mirne duše da ode kao što je i došao; ali kad se okrete, ugleda dve *kraljice* kako izviruju s dva balkona koji, s dve strane trga, stoje jedan naspram drugog. Učini mu se da u njima prepoznaje dve žene svog propuštenog izbora. Kao da stražare da ga ne puste da izađe iz grada, i zato svaka drži isukan mač, jedna desnom, a druga – sigurno zbog simetrije – levom rukom. Ako u vezi s mačem jedne nema nikakve sumnje, mač druge bi mogao biti i guščije pero, zatvoreni šestar, flauta, ili nož za sečenje papira, pa onda dve žene predstavljaju dva različita puta koja se otvaraju pred onima koji još uvek traže sebe: put strasti, koji je uvek put delanja, nasrtljiv, oštrog reza, i put mudrosti, koji zahteva promišljanje i učenje korak po korak.

Mladićeve ruke, dok ređa i pokazuje karte, čas nagoveštavaju kolebanje i lutanje, čas se grče oplakujući svaku već odigranu kartu, kao da je bilo bolje čuvati je za kasnije, za neku drugu igru; čas mlitavim nezainteresovanim pokretima idu dalje, da pokažu da su svaka tarot karta i svaki bunar jednaki poput jednakih *pehara* koji se u špilu ponavljaju, kao što ti se i u svetu jednolikosti predmeti i sudbine prikazuju kao međusobno zamenljivi i nepromenljivi, i onaj ko veruje da nešto odlučuje, zavarava se.

Kako da objasni da mu za žeđ koja mu mori telo nije dovoljan ni jedan ni drugi bunar? On želi rezervoar u koji se slivaju i stapaju vode svih bunara i svih reka, ovo more koga predstavlja arkana zvana *Zvezda* ili *Zvezde*, na kojoj se slavi vodeno poreklo života kao trijumf stapanja i blago božije bačeno u more. Naga boginja uzima dva staklena vrča u kojima se, za one koji su žedni, hlade ko zna kakvi sokovi (svuda unaokolo su žute dine osunčane pustinje) i prevrće ih da zalije šljunkovitu obalu; u tom trenutku usred pustinje iskrsnu rastinje oplanike, kroz mesnato lišće zapeva kos, život je rasipanje materijala koji se troši, veliki kazan mora samo ponavlja ono što se događa unutar sazvežđa što već milijardama godina gnječe atome u

avanu svojih eksplozija, koje se i na slici jasno vide na nebu boje mleka.

Mladić tako tresnu ovu kartu o sto, da ga mi prosto čusmo kako uzvikuje: – More, ja hoću more!

– More ćeš i dobiti! – odgovor nebeskog moćnika objavi potop, podizanje okeana ka napuštenim gradovima, da zapljusne šape vukova što pobegoše na brežuljke da zavijaju na *Mesec* koji se nad njih nadnosi, dok vojska ljuskara iz dubine ponora hrli da ponovo osvoji Zemlju.

Munja koja udari u vrh drveta i poruši sve zidine i *kule* visećeg grada obasja još jeziviji prizor, za koji nas mladić, sporim pokretom i užasnuta pogleda, pripremi otkrivajući novu kartu. Uspravivši se na svom prestolu kraljevski sagovornik tako se promeni da ga više ne prepoznasmo: na leđima mu više nije anđeosko perje koje se otvara, već dva krila slepog miša koja zamračiše nebo, bezosećajne oči postadoše razroke i kose, kruna udaraše u grane rogova, a plašt pade i otkri nago telo hermafrodita, ruke i stopala koja se produžavaju u kandže.

– Zar ti nisi anđeo?

– Ja jesam anđeo što živi na stazama koje se račvaju. Ko god se uspne do podeljenih stvari sretne me, ko god siđe do dna protivurečnosti na mene naleti, ko pokuša da spoji rastavljeno na svojim obrazima oseti moja opnasta krila!

Kraj njegovih stopala pojaviše se opet ona dva sunčana blizanca, preobraćena u dve spodobe čije crte lica istovremeno behu i ljudske i životinjske, s rogovima, repovima, perjem, šapama i krljuštima, a za onaj zastrašujući lik behu vezani dvema dugačkim nitima ili pupčanim vrpcama, i svaki od njih na lancu istovremeno kao da držaše dva druga, još manja, đavolčića. Oni su ostali van crteža, pa se tako s grane na granu nateže mreža koju vetar njiše poput velike paukove mreže, uz lepršanje crnih krila čija se veličina smanjuje – slepi miš, sova, pupavac, noćni leptir, stršljen, mušica.

Vetar ili talasi? Isprekidane linije u dnu karte mogle bi da znače da je u velikoj poplavi voda već došla do vrha drveta i da se sve rastinje rastače talasanjem algi i pipaka. Eto kako bi uslišen izbor čoveka koji ne bira: da, sada ima more, ali tone strmoglavce, njiše se među koralima ponora, *Obešen* za stopalo o morsku travu koja pluta pod neprozirnom površinom okeana, pa vuče zelene vlasi morske trave da pomete vrletne dubine mora. (Dakle, ovo je ona karta na kojoj je madam Sozostris, čuvena *clairvoyante**, ali s ne baš pouzdanog spiska, proričući privatnu i opštu sudbinu istaknutog funkcionera Lojdovog osiguravajućeg društva, prepoznala feničanskog mornara koji se utopio.)

Ako je želeo samo da izađe iz ograničenja svoje ličnosti, kategorija i uloga, da čuje grmljavinu što tutnji u molekulima i spajanje prve i poslednje tvari, evo puta koji mu se otvara kroz arkanu pod nazivom *Svet*: krunisana Venera igra na nebu vegetacije, okružena mnogolikim Zevsovim otelovljenjima; svaka vrsta i svaki pojedinac i cela istorija ljudskog roda samo su slučajni prstenovi u lancu promena i evolucija.

Ostalo mu je samo još da okonča veliko putovanje *Točka* na kome se razvija život životinja (tu nikada ne možeš da kažeš šta je gore a šta dole), ili još duže putovanje koje ide kroz propadanje i silazak do središta zemlje, u reku tekuće lave, i iščekivanje potopa koji ponovo meša karte i na svet donosi davno pokopane naslage, kao na arkani konačnog zemljotresa.

---

* *Clairvoyante* (fr.) – vidovnjakinja (*prev.*).

Drhtanje ruku i sede vlasi behu blagi tragovi u odnosu na ono kroz šta je naš sused prošao; te iste noći bi iseckan (*mačevi*) na sastavne delove, vulkanskim kraterima (*pehari*) prođe kroz sve zemaljske ere, rizikova da postane zatočenik večne ukočenosti kristala (*zlata*), te ponovo ožive kroz bolno klijanje šume (*štapovi*), sve dok ne zauze svoj ljudski oblik u sedlu *Konjanika Dinara*.

Ali, da li je to zaista on ili samo njegov dvojnik, koga, čim se povrati u sebe, videsmo kako dolazi kroz šumu?

– Ko si ti?

– Ja sam onaj koji je trebalo da oženi devojku koju ti ne izabereš, koji je trebalo da pođe drugim putem na raskršću, da utoli žeđ na drugom bunaru. Ti si, izbegavajući da izabereš, onemogućio moj izbor.

– Kuda sada ideš?

– U neku drugu krčmu na koju ti nećeš naići.

– Gde ću te ponovo videti?

– Obešenog na druga vešala koja neće biti ista kao tvoja. Zbogom.

Priča o osvetničkoj šumi

Nit priče je zamršena ne samo stoga što je teško kombinovati kartu s kartom, već i zato što se za svaku novu kartu koju mladić pokušava da složi s drugim kartama pojavljuje deset ispruženih ruku koje hoće da mu je oduzmu i ubace u neku drugu priču koju pripremaju; u jednom trenutku karte mu beže na sve strane pa mora da ih zadržava rukama, podlakticama i laktovima, i tako ih skriva čak i od onih koji se trude da shvate priču koju pripoveda. Srećom, među svim tim nasrtljivim šakama postoji i par koji mu pomaže da zadrži karte u nizu, a kako su one tri puta veće i teže od ostalih, pa su i njihovi zglobovi i čitava ruka, kao i snaga i odlučnost kojima nasrću na sto proporcionalni toj veličini, neodlučni mladić konačno uspeva da zadrži na okupu samo one karte koje su zaštitile te nepoznate ručerde. (Ovu zaštitu ne treba shvatiti kao zainteresovanost za priču o njegovim kolebanjima, već kao slučajni spoj karata u kojima je neko prepoznao priču koja mu najviše leži na srcu, znači svoju sopstvenu.)

Neko, ili neka: jer upravo se, bez obzira na dimenzije, u obliku ovih prstiju, šaka, zglobova i ruku, prepoznaju prsti, šake i zglobovi ženske ruke, ruke debeljuškaste i lepuškaste devojke; i stvarno, prateći pogledom te udove, dolazimo do ogromne devojke koja je sve do maločas

među nama sedela tiha i mirna, a onda iznenada, pobedivši sramežljivost, poče laktovima da udara u stomak onih koji behu pored nje, i da ih obara s klupe.

Dižemo pogled ka licu koje se zarumenilo – zbog straha ili besa – a potom ga spuštamo na figuru *Kraljice Štapa* koja prilično podseća na nju svojim grubim, seljačkim crtama lica uokvirenog bujnom sedom kosom, i nabusitim držanjem.

– O da, ja sam ta, a ovi gusti *Štapovi* predstavljaju veliku šumu u kojoj me je odgojio otac koji je, ne očekujući više ništa od civilizacije, u njoj postao *Pustinjak*, kako bi me držao podalje od rđavih uticaja ljudske zajednice. Vežbala sam svoju *Snagu* igrajući se s divljim svinjama i vukovima i naučila da šumom, iako živi od neprekidnog komadanja i gutanja životinja i biljaka, vlada samo jedan zakon – snaga koja ne ume da se zaustavi na vreme, a bizon, čovek ili kondor pustoše sve oko sebe, otežu papke, i služe za ispašu mravima i muvama.

Ovaj zakon – koga su stari lovci dobro poznavali, ali koga se danas više niko ne seća – može se pročitati u neumoljivom, ali odmerenom pokretu lepe ukrotiteljke koja vrhovima prstiju lavu zavrće šiju.

Pošto je rasla u blizini divljih zveri, ostala je divlja i u prisustvu ljudi. Kada čuje kas konja i na šumskom puteljku ugleda lepog *Konjanika* kako prolazi, iz grmlja ga kriomice posmatra a onda beži preplašena, i seče put prečicama da ga ne izgubi iz vida. Evo, pronalazi ga *obešenog* za noge o neku granu, kakvog ga je ostavio neki razbojnik pošto ga je opelješio do poslednje pare. Kršna šumska devojka ne premišlja mnogo: baca se na razbojnika vrteći svojom toljagom; kosti, tetive, zglobovi, hrskavica, pucketaju kao suve grančice. Ovde treba pretpostaviti da je s drveta skinula lepog mladića i u život ga vratila kao lavica, liznuvši mu lice. Iz čuture koju obešenu nosi preko ramena sipa *Dva Pehara* napitka čiji recept samo ona zna: nešto kao uskisli sok od kleke i kiselo kozje mleko. Konjanik se predstavlja: – Ja sam prestolonaslednik Kraljevstva, sin jedinac Njegovog Veličanstva. Spasila si mi život. Reci, kako da ti se odužim?

A ona će: – Ostani da se malo poigraš sa mnom – i sakri se među planike. Onaj napitak je moćan afrodizijak. On je pojuri. Pripovedačica bi na brzu brzinu, poput sramežljivog nagoveštaja, želela da nam pokaže arkanu *Svet*: ... U ovoj igri brzo nestade moje detinjstvo... – ali crtež, bez prećutkivanja, pokazuje kako se mladiću otkri njena nagost prikazana u ljubavnoj igri, i sa svakim okretom u toj igri on u njoj otkri novu vrlinu – snažna poput lavice, gorda poput orla, majčinska poput krave, blaga poput jagnjeta.

Prinčevu očaranost potvrđuje naredna karta – *Zaljubljeni*, koja ipak upozorava na zamršenu situaciju: izgleda da je mladić bio oženjen, a njegova zakonita supruga nije nameravala da mu dozvoli da pobegne.

– Zakonske prepreke u šumi ne važe: ostani ovde sa mnom i zaboravi na dvor, njegova pravila ponašanja i njegove spletke – verovatno mu ovo, ili nešto jednako razumno, predloži devojka, ne vodeći računa o tome da i prinčevi mogu imati principe.

– Samo *Papa* može da me oslobodi prvog braka. Ti me čekaj ovde. Odoh to da sredim i vraćam se. – I popevši se na svoja *Kola*, pođe i ne okrenuvši se, dodeljujući joj skromnu naknadu – *Tri Dinara*.

Napuštenu (posle kratkog puta koji pređoše *Zvezde),* obuzeše je porođajni bolovi. Odvuče se do obale potoka. Šumske zveri umeju da se porode bez ičije pomoći, i ona je to naučila od njih. Donosi na svetlost *Sunca* blizance koji su tako snažni da već mogu da stoje.

– Otići ću sa svojim sinovima da tražim *Pravdu* kod *Cara* lično, a on će u meni prepoznati istinsku nevestu svog naslednika i roditeljku svojih potomaka – i s tom namerom uputi se prema glavnom gradu.

Nigde kraja šumi. Idući tako, srete čoveka koji kao *Luda* beži od vukova koji ga jure.

– Kuda si krenula, nesrećnice? Ne postoje više ni grad ni carstvo! Putevi više niotkuda i nikuda ne vode! Vidi!

Žuta kržljava trava i pustinjski pesak prekrivaju asfalt i pločnike grada, po dinama zavijaju šakali, u napuštenim palatama, pod *Mesecom,* otvaraju se prozori poput praznih očnih duplji, iz podruma i podzemlja naviru škorpioni.

Pa ipak, grad nije mrtav: mašine, motori, turbine, nastavljaju da zuje i vibriraju, svaki *Točak* uklapa svoje zupce s drugim točkovima, vagoni jure prugama a signali žicama; ali nema više nikoga da šalje ili prima, snabdeva ili istovaruje. Mašine koje već dugo znaju da mogu bez ljudi, konačno su ih oterale; divlje životinje, posle dugog izgnanstva, vratiše se da zauzmu teritorije silom oduzete šumama; vukovi i kune zlatice pružaju mekane repove ka komandnim pločama prepunim manometara, poluga, brojčanika, dijagrama; jazavci i puhovi se greju na akumulatorima i magnetima. Čovek je bio neophodan – sada je nekoristan. Da bi svet primao poruke iz sveta, i u njima uživao, sada su potrebne samo mašine i leptiri.

Tako se završava osveta zemaljskih šuma razjarenih lančanom eksplozijom tornada i tajfuna. A onda su se namnožile ptice, za koje se već verovalo da su izumrle, i u jatima se, uz zaglušujuću ciku, spuštaju sa sve četiri strane sveta. Kada ljudski rod, koji je pobegao u podzemne rovove, ponovo pokuša da izađe na površinu zemlje vide nebo pokriveno gustim pokrivačem satkanim od krila. Prepoznajem dan *Pravde* onako kako je prikazan na tarot kartama. I tako se još jednom kartom potvrđuje objava – doći će dan kada će pero oboriti kulu Nimrodovu.[*]

[*] Nimrod, po biblijskom predanju – kralj Haldeje i glasoviti lovac, smatran najmoćnijim čovekom na zemlji pre prvog javljanja starozavetnog Gospoda *(prev.).*

Priča o preživelom ratniku

Mada pripovedačica zna šta hoće, njena priča se ne prati ništa lakše od drugih. To je stoga što karte više skrivaju nego što otkrivaju, i čim jedna karta kaže nešto više, druge ruke odmah pokušavaju da je povuku na svoju stranu da bi je utkali u neku drugu priču. Neko, na primer, počne da pripoveda za svoj račun, kartama koje kao da pripadaju samo njemu, a onda se nametne zaključak koji se preplete sa zaključkom drugih priča, i istim, katastrofalnim, likovima.

Evo, na primer, jednoga koji izgleda kao oficir na dužnosti, i koji je počeo da se prepoznaje u *Konjaniku Štapa*, čak je i kartu poslao u krug da vidimo kakvog je bogato ukrašenog konja tog jutra uzjahao, kada je krenuo iz kasarne, i kako mu je uniforma koju je nosio stajala kao salivena, sa sjajnim pločicama na oklopu i gardenijom na kopči jednog od štitnika za noge. Njegov autentični izgled kao da je govorio – da, to je on – a razlog tome što ga sad vidimo tako odrpanog i ne baš krepkog jeste samo strašna priča koju se sprema da nam ispriča.

Kad čovek malo bolje pogleda, taj portret sadrži i detalje koji odgovaraju njegovom sadašnjem izgledu: seda kosa, sanjalački pogled, od slomljenog koplja ostalo mu je samo parče. Možda i nije reč o parčetu koplja (pogotovo što ga drži levom rukom) već o savijenom listu pergamenta, poruci koju mora nekome da dostavi, možda baš kroz neprijateljske redove. Pretpostavimo da je on ordonans-oficir, i da je dobio nalog da stigne u glavni štab svog vladara ili komandanta i lično njemu preda poruku od koje zavisi ishod bitke.

Besni bitka; vitez se nađe usred nje. Sekući sve pred sobom, suparničke vojske krče sebi put kao na *Desetki Mača*. Postoje dva načina koja se u borbi preporučuju: ili utrčiš pa koga uhvatiš, ili među neprijateljima izabereš jednog koji ti naleti i središ ga. Naš ordonans-oficir vidi da mu u susret dolazi *Konjanik Mača* koji se među ostalima ističe finoćom svoje i konjske opreme: njegov oklop, za razliku od drugih koji se unaokolo vide skrpljeni od rasparenih delova, ima sve ukrasne sitnice, i od kacige do oklopa za bedra sve je iste, plavo-ljubičaste boje, na kojoj se ističu pozlaćeni pojas na konjskim grudima i oklop za noge. Na nogama su mu papuče od crvenog damasta kakva je i konjska podsedlica. Nežnih je crta lica, mada izobličenih znojem i prašinom. Levom rukom drži ogroman mač, detalj koji ne treba zanemariti – levoruki ljudi opasni su protivnici. Ali, i naš junak levicom vitla svoju toljagu, znači obojica su levoruki i opasni, jedan drugom dostojni protivnici.

Dva mača ukrštena u vrtlogu grančica, žireva, listića i cvetova koji pupe, ukazuje na to da su se njih dvojica odvojila zbog neobičnog dvoboja, pa oštricama mača i poprečnim udarcima krešu rastinje oko sebe. U početku je našem junaku izgledalo da je onom plavo-ljubičastom ruka brža nego jača, i da je dovoljno da nasrće iz sve snage pa da ga savlada, ali ovaj mu pljo-

snatom stranom mača sruči takve udarce da ga, poput eksera, zabija u zemlju. Sad se i konji izvrnuti na leđa ritaju poput kornjača po tlu posejanom mačevima uvijenim poput zmija, a plavo-ljubičasti ratnik još uvek odoleva, jak kao konj, neuhvatljiv kao zmija, oklopljen kao kornjača. Što dvoboj postaje žešći, sve više se razmeću veštinom, i zadovoljstvom što u sebi ili neprijatelju otkrivaju nove, neočekivane sposobnosti; tako se u ovu tučnjavu, malo-pomalo, uvlači ljupkost kakvog plesa.

Boreći se tako, naš junak je već zaboravio na svoj zadatak, kad visoko nad šumom odjeknu truba poput trube Anđela iz Strašnog suda sa arkane koja se zove *Pravda* ili *Anđeo*: to rog poziva one koji su verni *Caru*. Sigurno velika opasnost preti vladarevoj vojsci. Ne oklevajući više ni tren, oficir pojuri u pomoć svom vladaru. Ali, kako da prekine dvoboj koji toliko obavezuje njegovu čast i zadovoljstvo? U želji da ga što pre okonča, on pohita da nadoknadi rastojanje koje ga je odvojilo od neprijatelja, kad odjeknu truba. Kud se sad deo plavo-ljubičasti? Trenutak neodlučnosti bio je dovoljan da protivnik nestane. Vojnik pojuri u šumu za zvukom koji poziva na uzbunu, prateći ujedno i begunca.

Probija se kroz gustiš, kroz pruće, suvarke i trnovito žbunje. Sa svakom novom kartom priča napreduje iznenadnim skokovima koje na neki način treba poređati. Šuma se iznenada završava. Unaokolo se prostire otvoreno, tiho polje; pod večernjim senkama izgleda kao da je pusto. Ali, kad se bolje pogleda, vidi se da je prepuno ljudi, potpuno prekriveno razbacanom gomilom. Gomila je priljubljena uz tlo, kao razmazana po zemlji; niko ne stoji, i ispruženi potrbuške ili na leđima, podižu glave samo do listova pogažene trave.

Oni koje *Smrt* nije još ukočila, batrgaju se kao da uče da plivaju u crnom mulju sopstvene krvi. Tu i tamo procveta neka ruka, otvori se i zatvori tražeći zglob s kog je odsečena, neko stopalo pokuša da načini lake korake iako iznad gležnja nema tela koje treba da nosi, glave paževa i vladara otresaju duge kose što im padaju preko očiju, ili pokušavaju da isprave nakrivljene krune na ćelavoj glavi a, u stvari, samo bradom kopaju prašinu i žvaću šljunak.

— Kakva je to nesreća zadesila carsku vojsku? — sigurno je ovakvo pitanje vitez postavio prvom živom biću koje je sreo — nekom tako prljavom i otrcanom, da izdaleka liči na *Ludu* sa karte, a izbliza se prikaza kao ranjeni, ćopavi vojnik koji beži sa polja pokolja.

U nemoj priči našeg oficira, glas vojnika koji je izvukao živu glavu zvuči kao glas zbunjene kvočke koja nerazumljivim dijalektom mrmlja isprekidane rečenice kao: „O, ne pravite budalaštine, gosn' poručniče! Na noge lagane, ko ih ima! Nevolja je krenula! Ovo je vojska koja je, ko bi ga znao, odnekud stigla, do sad neviđena, razjarena! Iz čista mira, eto ti njih da nam se strovale između vrata i glave, i više nismo ni za šta drugo osim za muve! Polako, krišom, gosn' poručniče i podalje od njih! — i vojničina se udalji pokazujući svoju sramotu kroz poderotine na nogavici, psi lutalice njuše ga po smradu kao svog brata; za sobom vuče zavežljaj sa plenom napabirčenim po džepovima leševa.

Nešto drugo je potrebno našem vitezu da ga odvrati od puta kojim je krenuo. Izbegavajući zavijanje šakala, pretražuje granice polja smrti. Na svetlosti *Meseca*, obešeni o drvo, svetlucaju

pozlaćeni štit i srebrni *Mač*. Prepoznaje oružje svog neprijatelja.

Sa susedne karte se čuje žubor vode. Ispod trske protiče brzi potok. Nepoznati ratnik zaustavlja se na obali da skine oklop. Naš vojnik, naravno, u tom trenutku ne može da ga napadne; skriva se i vreba da se ponovo naoruža i bude u stanju da se odbrani.

Iz pločica oklopa pomaljaju se beli i nežni udovi, iz šlema vodopad kestenjaste kose koja se razliva po leđima sve do lučnog završetka. Ratnikova koža je poput devojačke, telo dame, grudi i krilo kraljice: pa to je žena, koja šćućurena pod *Zvezdom* u potoku obavlja svoje večernje umivanje.

Kao što svaka nova karta koja se položi na sto objašnjava ili dopunjuje značenje prethodnih karata, tako i ova, upravo otkrivena, remeti vitezove naume i strasti; ako su se u njemu, maločas, sudarali takmičenje, zavist i viteško uvažavanje dostojnog protivnika s željom da što pre pobedi, osveti, nadmaši, sada se sramota što ga je ženska ruka matirala i žurba da ponovo uspostavi omalovaženu mušku nadmoć, sudaraju sa strasnom željom da odmah bude poražen, da ga ta ruka, pazuho, grudi zarobe.

Prvi od ovih poriva je najjači. Ako su se uloge muškarca i žene pomešale, onda treba odmah ponovo podeliti karte, ponovo uspostaviti narušeni poredak bez koga čovek više ne zna ni ko je, ni šta se od njega očekuje. Ovaj mač nije obeležje žene, to je nezakonito prisvajanje. Vitez, koji nikada ne bi iskoristio priliku da iznenadi nenaoružanog predstavnika svog pola, a još manje bi ga tajno pokrao, sada puzi kroz grmlje, približava se okačenom oružju, potajno rukom uzima mač, skida ga s drveta i beži. Rat između muškarca i žene ne poznaje pravila niti čestitost – pomisli, i još uvek ne zna koliko je, na svoju nesreću, u pravu.

Samo što nije nestao u šumi, kad oseti kako ga neko ščepa za ruke i noge, i *Obešenog* ga veza, s glavom nadole. Iz šipražja uz obalu iskaču gole kupačice dugih nogu, poput one koja na karti *Svet* vreba kroz lisnato granje. To je puk krupnih ratnica koje se posle bitke roje pored vode da se osveže, zagreju i ojačaju svoju *Snagu* lavica brzih kao munja. Za tren su sve na njemu, grabe ga, prevrću ga, otimaju ga jedne drugima iz ruku, štipaju ga, vuku tamo-amo, i kušaju prstima, jezikom, noktima, zubima, ne, nemojte tako, jeste li poludele, pusti me, ma šta mi to sad radite, neću tamo, dosta, uništićeš me, jooj, jooj, jooj, milost.

Napuštenom, gotovo mrtvom, u pomoć mu pristiže *Pustinjak* koji uz svetlost fenjera prolazi bojnim poljem, slaže posmrtne ostatke i osakaćenima vida rane. Iz poslednjih karata koje pripovedač drhtavom rukom polaže na sto, može se izvući priča o svetom čoveku: – O, vojniče, nisam siguran da je za tebe bolje što si preživeo. Poraz i pokolj ne posekoše samo vojsku pod tvojom zastavom – vojska amazonki-presuditeljki gazi i masakrira pukove i carstva, širi se po kontinentima zemaljske kugle koja je već deset hiljada godina potčinjena, iako krhkoj, ipak muškoj vladavini. Nesigurno primirje koje zadržava muškarca i ženu da odolevaju u porodici je uništeno: žene, sestre, kćeri i majke u nama više ne prepoznaju očeve, braću, sinove i muževe, već samo neprijatelje, i s oružjem u ruci hrle da uvećaju osvetničku vojsku. Male, ponosne tvrđave našeg pola padaju jedna za drugom. Nijedan muškarac nije pošteđen: onog

71

koga ne ubiju – kastriraju a samo malom broju izabranika, recimo trutu u košnici, dopušteno je odlaganje, ali zato njih očekuju još strašnija mučenja koja će ih lišiti želje da se hvale. Za čoveka koji je verovao da je Čovek, nema iskupljenja. Sledećim milenijumima vladaće kraljice koje kažnjavaju.

Priča o vladavini vampira

Samo jedan od nas izgleda kao da se ne plaši ni najkobnijih karata, čak izgleda da je s trinaestom arkanom veoma blizak. Pošto je reč o ljudeskari koja se ne razlikuje od one na karti *Žandara Štapa*, a dok ređa karte izgleda kao da zapinje iz sve snage, obavljajući s naporom svoj svakodnevni posao, pri čemu vodi računa da ravnomerno postavi pravougaonike razdvojene alejicama, čoveku dođe prirodno da pomisli da drvo na koje se na slici oslanja predstavlja držalje lopate zabijene u zemlju i da on obavlja posao grobara.

Karte nesigurnom svetlošću opisuju noćni pejsaž, *Pehari* se naziru kao urne, kovčezi ili grobnice među koprivama, *Mačevi* odjekuju metalno kao ašovi ili lopate po olovnim poklopcima, *Štapovi* se crne poput iskrivljenih krstova, a *Zlatnici* namiguju poput varljivog ognja. Čim oblak otkrije *Mesec,* šakali se oglase zavijanjem, te besno grebu po ivicama grobova i prepiru se sa škorpionima i tarantulama oko svoje trule gozbe.

U noćnom scenariju možemo da zamislimo Kralja kako neodlučno ide u pratnji svoje dvorske lude ili dvorskog patuljka (imamo karte *Kralja Mača* i *Lude* koje baš odgovaraju situaciji) i da pretpostavimo da grobar njihov razgovor hvata u letu. Šta kralj tamo traži, u tako kasne sate? Karta *Kraljice Štapa* nagoveštava nam da

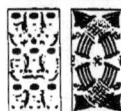

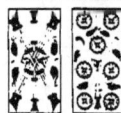

73

prati trag svoje žene. Dvorska luda ju je videla kako se iskrada iz kraljevskog dvorca, pa je ubedila vladara, što u šali, što u zbilji, da je uhodi. Stari mutivoda, patuljak, sumnja u spletku *Ljubavi*, ali kralj je uveren da sve ono što uradi njegova žena može da izađe na svetlost *Sunca*: ona pomaže napuštenoj deci, pa je stoga primorana da ide tamo-amo.

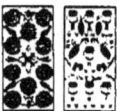

Kralj je sklon da bude optimista: u njegovom kraljevstvu sve ide da ne može biti bolje, *Dinari* cirkulišu i dobro su uloženi, *Pehari* izobilja nude se slavljeničkoj žeđi rasipne klijentele, *Točak* velikog mehanizma okreće se sopstvenom snagom i danju i noću, a tu je i razumna *Pravda*, kao na odgovarajućoj karti, koja pomalja svoje nepomično lice šalterske službenice. Velegrad koga je kralj sagradio, izbrušen je poput kristala ili *Keca Pehara*, izbušen trenicom prozora sa oblakodera, pentranjem i spuštanjem liftova, okružen je autoputevima, izdašan u parkiralištima, potkopan osvetljenim mravinjakom podzemnih prolaza. To je grad čiji vrhovi nadvisuju oblake, i koji tamna krila svog zadaha pokopava u utrobu zemlje da ne pomuti vid velikim prozorima i ne zatamni hromaturu metala.

Dvorska luda, svaki put kad otvori usta, između kreveljenja i dosetke, seje sumnju, klevetničke glasine, bojazan, uznemirenost; za njega veliki mehanizam guraju paklene zveri, a crna krila koja se pomaljaju iz grada-pehara upućuju na skrivenu opasnost koja mu iznutra preti. Kralj mora da prihvati igru; zar ne plaća Ludu upravo stoga da mu protivureči i podruguje mu se? Stari je i mudar običaj na dvorovima da Luda ili Lakrdijaš ili Pesnik ima ulogu da izokrene sistem vrednosti na kome vladar zasniva svoju vladavinu, da mu se podsmeva i pokaže mu da svaka prava linija skriva krivo naličje, svaki dovršen proizvod nered delova koji se ne poklapaju, a svaki suvisli razgovor blebetanje. Pa ipak, s vremena na vreme, ove zajedljive primedbe kod kralja izazivaju neodređenu teskobu. Takva je i ova, sigurno predviđena (nju čak garantuje i ugovor između kralja i Lakrdijaša), a ipak uznemirujuća, ne samo stoga što je jedini način da čovek uživa u uznemirenosti da se uznemiri, već i zato što se zaista uznemiri.

Tako je sada Luda povela kralja u šumu u kojoj smo se svi izgubili. – Nisam ni znao da u mom kraljevstvu još uvek postoje tako guste šume – verovatno primeti monarh. – Pa onda ono što pričaju protiv mene – da branim lišću da svojim porama udiše kiseonik i vari svetlost svojim zelenim sokovima – može samo da me razveseli.

A Luda će: – Da sam na tvom mestu, Visočanstvo, ne bih se toliko veselio. Ne širi šuma senke van osvetljenog grada, već unutar njega – u glave podanika koji te slede i izvršavaju tvoje naredbe.

– Želiš li da mi došapneš da nešto izmiče mojoj kontroli, Ludo?

– To ćemo još da vidimo.

Koliko god da je šuma gusta, ona ipak ostavlja prostor za drvorede zagrnute preoranom zemljom, četvrtaste rovove, belasanje pečuraka koje se pomaljaju iz zemlje. Sa užasom nam trinaesta tarot karta objavljuje da se šuma đubri poluosušenim leševima i ogoljenim kostima.

– Dobro, gde si me to doveo, Ludo? Pa ovo je groblje!

A Luda će, pokazujući životinjsko carstvo beskičmenjaka koji pasu po grobnicama: – Ovde vlada vladar moćniji od tebe, Njegovo Visočanstvo Crv!

75

– Nikada na svojoj teritoriji nisam video ovako nesređeno mesto! Koji je to nespretnjaković predložen za ovo ministarstvo?

– Ja, da Vam služim, Vaša Visosti – došao je trenutak da grobar stupi na scenu i započne redom da priča svoju priču. – Da bi odagnali misao o smrti građani ovde kako-tako sakrivaju leševe. A onda, koliko god ih sakrili, ponovo razmisle i vraćaju se da provere da li su ih dovoljno zakopali, jesu li mrtvi zaista drugačiji od živih, jer u protivnom živi više ne bi bili toliko sigurni da su živi, zar ne? I tako između pokopavanja i iskopavanja leševa, podigni i vrati i opet sve iznova, za mene uvek ima dovoljno posla. – Tu grobar pljunu u ruke i ponovo se lati lopate.

Naša se pažnja premešta na drugu kartu koja kao da se trudi da ne upadne u oči – to je *Sveštenica* i mi je, upitnim pokretom, pokazujemo našem susedu za trpezom, pokretom koji bi mogao da odgovara pitanju koje Kralj postavlja grobaru, kada zapazi figuru s kapuljačom u mantiji monahinje kako se šćućurila između grobova: – Ko je ona starica što čeprka po groblju?

– Neka nas Bog sačuva, ovde se noću vrzma gadan soj žena – odvrati mu grobar, krsteći se. – Iskusne sa čarobnim napicima i knjigama o čarolijama, traže sastojke za svoje vradžbine.

– Hajde da je pratimo i vidimo kako se ponaša.

– Ne ja, Visočanstvo! – mora da se tog trenutka luda povuče jer ga podiđoše žmarci – i preklinjem vas da se držite podalje od nje.

– Ja ipak treba da znam koliko su se u mom kraljevstvu očuvala stara sujeverja! – Zaklinjemo se u kraljevu tvrdoglavost, i zaista – on kreće za njom, a vodi ga grobar.

Na arkani zvanoj *Zvezde* vidimo ženu koja skida monašku mantiju i veo. Ona uopšte nije stara, lepa je i naga. Mesec svetluca zvezdanim sjajem i otkriva da noćna posetiteljka groblja liči na kraljicu. Kralj je prvi prepoznao telo saputnice, grudi poput kruške, meka ramena, jake bokove, širok i duguljast trbuh; a kad ona podiže čelo i pokaza lice uokvireno teškom kosom što se razlivaše po ramenima, i mi zanemesmo od zaprepašćenja; da nije ushićenog lica koje se zasigurno ne vidi na zvaničnim portretima, ista je kao i kraljica.

– Kako ove gnusne veštice smeju da se pretvore u tako obrazovane i privlačne osobe? – ovakva i nikakva drugačija bî Kraljeva reakcija; da bi odagnao svaku sumnju u svoju ženu, spreman je da vešticama dozvoli izvestan broj natprirodnih moći, uključujući tu i moć da se pretvore u štogod hoće. Neko bolje objašnjenje koje bi bilo verodostojnije („Jadna moja žena, uz svu iscrpljenost morala je da je uhvati i mesečarska kriza!") odmah bi odbacio, videvši kakvim se napornim radnjama posvetila navodna mesečarka: kleknuvši na ivicu rake, maže zemlju mutnim čarobnim napicima. (Čak bi i alat koji drži u ruci mogao da se protumači kao plamen aparata za zavarivanje, iz koga prskaju varnice da odleme olovo mrtvačkog sanduka.)

Štogod radila, ovde je reč o otvaranju kovčega, sceni koju jedna druga karta predviđa za dan *Pravde* na kraju vremena; ovu kartu je još ranije postavila ruka jedne krhke gospođe. Pomoću *Dva Štapa* i jednog užeta, veštica vadi iz jame telo *Obešenog* naglavačke. Radi se o dobro očuvanom mrtvacu, s bledunjave lobanje visi gusta, crna, gotovo teget kosa, oči iskolačene kao kod nasilne smrti, a usne zgrčene preko dugih,

77

šiljatih očnjaka koje veštica otkriva nežnim pokretom.

I pored ovolike strahote ne promiče nam jedan detalj: kao što je veštica kraljičina dvojnica, tako i kralj i leš liče jedan na drugog, kao jaje jajetu. Jedini koji to ne primećuje jeste sam kralj, kome se omače nepriličan uzvik: „Veštice, vampirice i... preljubnice!“ Da li on to priznaje da su veštica i njegova žena jedna te ista osoba? Ili možda misli da veštica, pošto je zadobila kraljičine crte lica mora da poštuje i njene obaveze? Možda bi ga saznanje da ga je izdao sopstveni *Doppelgänger** moglo utešiti, ali niko nema hrabrosti da mu o tome nešto kaže.

U grobnici se događa nešto neumesno: veštica se naginje nad leš kao kvočka nad jajima, i evo, mrtvac se podiže kao *Kec Štapa*, kao *Žandar Pehara* prinosi ustima putir koji mu je veštica ponudila i oni nazdravljaju jedno drugom kao na *Dvojci Pehara*, podižući čaše rumene od sveže, neugrušane krvi.

– Moje metalno, sterilno kraljevstvo još uvek služi za ispašu vampirima, sramnoj, srednjovekovnoj sekti! – sigurno je ovakav ton imao kraljev uzvik, dok mu se na glavi, pramen po pramen kose kostreši, a potom se posedeli vraćaju na svoje mesto. Velegrad, za koji je on uvek verovao da je čvrst i providan kao pehar urezan u kristalnu stenu, ispao je šupljikav, i ta je poroznost uzela maha kao kod starog čepa, s mukom nabijenog da zatvori otvor na vlažnoj, zaraženoj granici kraljevstva mrtvih.

– Znaj – ovakvo objašnjenje mogao je da dá samo grobar – ova čarobna žena u noći solsticija i ravnodnevice odlazi na grob svog muža koga je sama ubila, iskopava ga i oživljuje hrane-

---

* *Doppelgänger* (nem.) – dvojnik *(prev.)*.

ći ga krvlju svojih vena, i spaja se sa njim u velikom kolu sablasnih tela koja tuđom krvlju napajaju istrošene arterije i greju svoje perverzne, polimorfne genitalije.

Karte prikazuju dve verzije ovog bogohulnog obreda, toliko nepovezane, kao da su delo dve različite ruke; jedna je gruba i pokušava da prikaže odvratnu figuru, istovremeno muškarca, ženu i slepog miša, koja se zove *Đavo*; druga je sva u ukrasnim trakama i girlandama i slavi pomirenje zemaljskih i nebeskih sila, plesom čarobnice ili nage nimfe, te predstavlja simbol celovitosti *Sveta*. (Ali, graver ove dve karte ipak je morala biti ista osoba – tajni sledbenik nekog noćnog kulta koji je grubim pokretima prekrio bronzom tog bauka – Đavola, da bi se narugao neznanju isterivača đavola i inkvizitora, te je mnogobrojne ukrase rasuo u alegoriju svoje tajne vere.)

– Kažite mi, dobri čoveče, kako da svoje kraljevstvo oslobodim ove napasti? – sigurno upita kralj (karte *mačeva* su tu da ga podsete da je odnos snaga uvek u njegovu korist) i, pošto ga ponovo obuze ratnički duh, verovatno predloži: – Sigurno bih mogao da upotrebim vojsku, obučenu da opkoli i pritisne, da pobije ognjem i mačem, da podmetne krađe i požare, sravni sve sa zemljom i za sobom ne ostavi ni vlat trave, trepet lista, ni živu dušu.

– Veličanstvo, nema potrebe – prekide ga grobar koji mora da se u noćima provedenim na groblju svega i svačega nagledao. – Kada kolo veštica iznenadi prvi zrak izlazećeg sunca, sve veštice i vampiri, napasti i ženski demoni, daju se u beg i pretvaraju – ko u ćuka, ko u slepog miša, ko u neku vrstu šišmiša. Tako prerušeni, a bio sam u prilici to da vidim, oni gube svoju

79

uobičajenu nepovredivost. Tada ćemo, pomoću ove tajne klopke, uhvatiti tu čarobnu ženu.

– Uzdam se u ono što zboriš, dobri čoveče. Pa onda, na posao!

Sve se zaista odvija po grobarevom planu; tako barem možemo da zaključimo po kraljevoj ruci koja se zaustavlja na tajanstvenoj arkani *Točak*, koja može da označi, kako koloplet zoomorfnih sablasti, tako i zamku sudbine (veštica je u nju upala kao odvratni krunisani slepi miš, zajedno s dve noćne utvare – dva roba koji tapkaju nogama u mestu, jer ne mogu da izađu iz tog vrtloga) ili lansirnu rampu u čiju je kapsulu kralj postavio paklenu divljač da je, bez mogućnosti povratka, lansira u orbitu i oslobodi polje zemljine teže (gde sve što baciš u vazduh, padne ti na glavu), a možda i da je istovari na nejasno tlo *Meseca*, koji već dugo vlada raspoloženjem čoveka-vuka, generacijama komaraca, menstruacionim odlivima, a ipak uobražava da je ostao nezaražen, čist, sjajan. Pripovedač uznemirenim pogledom prati krivudavu liniju koja povezuje *Dvojku Dinara*, kao da ispituje putanju od Zemlje do Meseca, put koji mu jedini pada na pamet da protera neprimerene sa svog horizonta, ukoliko se Selena, kad padne s božanskih visina, zadovolji rangom nebeske kante za đubre.

I bi potres. Visoko nad šumom munja raspara noć, u pravcu osvetljenog grada koji istog trena nestade u mraku, kao da je grom udario kraljevski zamak odrubljujući najvišu *Kulu* što grebe nebo velegrada, ili je porast napona u preopterećenim uređajima Velike Centrale zacrneo kao *black-out*.

– Kratak spoj, duga noć – pade na pamet grobaru, kao i svima nama, izreka o lošem predznaku, dok zamišljamo (kao na prvoj arkani, pod nazivom *Opsenar*) inženjere koji se u tom trenutku muče da rasklope veliki Mehanički mozak i pronađu kvar u zbrci točkića, lančanika, elektroda i ostalih drangulija.

Pripovedačeva ruka se gozničavo njiše i ponovo pokazuje *Kulu* i *Obešenog* (jer se u ovoj priči iste karte više puta iščitavaju s različitim značenjima) kao da nas poziva da na nejasnim fotografijama nekog večernjeg lista prepoznamo snimak užasnog događaja iz crne hronike – snimak žene koja se s vrtoglave visine sunovratila u provaliju između fasada solitera. Na prvoj od ove dve slike, pad je prikazan mlataranjem ruku, posuvraćenom suknjom i udvojenim likom koji se vitla; dok druga, na kojoj jedan detalj govori o tome da se telo, pre nego što će se razmrskati o tlo, zakačilo nogama za žice, objašnjava uzrok kvara na električnim uređajima.

Tako u sebi zamišljamo ružan događaj uz pomoć zadihanog glasa Lude koji dopire do kralja: – Kraljica! Kraljica! Iznenada je pala!... Užarena!... Znaš li kakvi su meteori?... Pokušava da raširi krila! Ali ne, vezane su joj šape! Strmoglavila se! Upliće se u žice i ostaje razapeta u vodovima visokog napona! Rita se, praska, koprca!... Izderana joj je koža, kraljevska kožica naše omiljene Vladarke! Mrtva na licu mesta, visi!...

Nastaje metež. – Kraljica je mrtva! Naša dobra vladarka! Bacila se s balkona! Kralj ju je ubio! Osvetimo je! – Iz svih krajeva pristiže narod pešice ili na konju, naoružan *Mačevima, Štapovima* i *Štitovima*, i umesto mamca raspoređuje *Pehare* otrovne krvi. – Ovo je priča o vampirima! Kraljevstvo je u rukama vampira! I kralj je vampir! Uhvatimo ga!

81

Dve priče u kojima se traži i gubi

Gosti se guraju oko stola, koji je sve prekriveniji kartama, naprežući se da izvuku svoje priče iz te hrpe; i što su priče konfuznije i nepovezanije, to razbacane karte brže pronalaze mesto u poređanom mozaiku. Da li je ovaj crtež samo rezultat slučaja, ili ga to neko od nas tako strpljivo spaja?

Ovde je i jedan postariji čovek koji u ovom metežu uspeva da sačuva spokoj svojih misli, i uvek, pre no što spusti jednu kartu, prvo je dobro prouči, kao da je obuzet poduhvatom za koji nije siguran da će mu uspeti, usredsređen na spoj detalja koji su nebitni, ali koji mogu da dovedu do iznenađujućeg rezultata. Bela, profesorska, lepo negovana brada i težak pogled iz koga se pomalja tračak nemira – neke su od crta koje su zajedničke s *Kraljem Dinara*. Ovaj portret, zajedno s kartama *Pehara* i *Zlata* koje se nalaze oko njega, mogle bi da nam posluže da ga shvatimo kao alhemičara koji je ceo život potrošio istražujući spojeve hemijskih elemenata i njihov preobražaj. U alambicima i bočicama koje mu pruža *Žandar Pehara*, njegov sluga ili pomoćnik, ispituje ključanje tečnosti, gustih kao mokraća, obojenih oblačićima reagenasa indigo i cinober boje, iz kojih pak treba da se izdvoje molekuli kralja svih metala. Ali, čekanje je uzaludno – u posudama ostaje samo olovni talog.

Poznato je, ili bi tako bar trebalo da bude, da alhemičarevi eksperimenti doživljavaju fijasko ukoliko tajnu zlata traži da bi se obogatio. On mora da se oslobodi samoljublja i ličnih ograničenja, da se sjedini sa snagama koje se kreću u dubini stvari, pa će se onda na prvi preobražaj, koji je uvek preobražaj sebe, pokorno nadovezati ostali. Pošto je najbolje godine svog života posvetio tom Veledelu, naš vremešni sused je sada, kada u ruci drži ove tarot karte, nalik Veledelu koje želi da sastavi raspoređujući karte u kvadrat u kome se, odozgo nadole, s leva na desno, i obrnuto, čitaju sve priče, uključujući i njegovu. Ali, kad god mu se učini da je uspeo da složi priče ostalih, primećuje da se njegova izgubila.

On nije jedini koji u sledu karata traži put unutrašnjeg preobražaja koji se prenosi i na spoljašnost. Tu je i neko ko se lako, mladalački neodgovorno, prepoznaje u najsmelijoj figuri ratnika u čitavom špilu, u *Žandaru Mača*, i oseća kako se, da bi postigao cilj, hvata u koštac sa najoštrijim *Mačevima* i najšiljatijim *Štapovima*. No, moraće da napravi veliki krug (kako naznačava krivudavi znak *Dvojke Dinara*, i izazove (*Dvojka Mača*) moći pakla (*Đavo*) koje priziva čarobnjak Merlin (*Opsenar*) u šumi Broselijani[*] (*Sedmica Štapa*), ako konačno želi da bude primljen za Okrugli sto (*Desetka Pehara*) kralja Artura (*Kralj Mača*) na mesto kojeg, do sada, nijedan vitez nije bio dostojan.

Kako za alhemičara tako i za lutajućeg viteza, krajnje odredište predstavlja *Kec Pehara* koji za jednog u sebi nosi flogiston, kamen filozo-

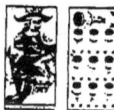

---

[*] Naziv čarobne šume koja, po legendi o kralju Arturu i vitezovima Okruglog stola, okružuje kraljevski zamak Kamelot *(prev.)*.

fa ili eliksir dugovečnog života, a za drugog predstavlja amajliju koju čuva Kralj-Ribar, tajanstvenu posudu za koju njegov prvi pesnik nije uspeo da nam da objašnjenje – ili nije želeo da nam ga kaže – i koja od tada seje reke pretpostavki od mastila, drveni pehar s poklopcem[*], oko koga se još uvek otimaju religije Rima i Kelta. (Možda je pronalazač Šampanjca upravo to i želeo – da održi živom borbu između *Pape* i druida-*Pustinjaka*. Nema boljeg mesta za čuvanje tajne od nezavršenog romana.)

Znači, problem koji ova dvojica žele da reše, ređajući karte oko *Keca Pehara*, istovremeno je i Veledelo alhemičara i Potraga za Gralom. Na istim kartama, pojedinačno, obojica mogu da prepoznaju delove svoje Umetnosti i Pustolovine: u *Suncu* – planeta zlata ili nevinost mladića-ratnika, u *Točku* – *perpetuum mobile* ili šumska čarolija, u *Pravdi* – smrt ili uskrsnuće (metala i duše) ili nebeski poziv.

Kako stvari stoje, ako se dobro ne razjasni mehanizam pripovedanja, ove dve priče stalno rizikuju da se spotaknu jedna o drugu. Alhemičar, da bi došao do promene materije, čini sve da mu duša postane nepromenljiva i čista kao zlato. Ali, doktor Faust izvrće alhemičarevo pravilo, pretvara dušu u predmet razmene i nada se da će priroda postati nepotkupljiva, pa onda više ne treba tražiti zlato, jer svi će predmeti biti podjednako dragoceni – svet je zlato i zlato je svet. Tako i lutajući vitez svoja dela podređuje bezuslovnom i strogom zakonu, kako bi prirodni zakoni, sasvim lagodno, vladali zemljom. No, zamislimo jednog Persevala-Parziva-

---

[*] *Grolla* (ital.) – drveni pehar s poklopcem, ovde je zapravo aluzija na sveti Gral, posudu u koju je, po jevanđeljskom predanju i hrišćanskoj mistici, Josif iz Arimateje skupljao krv raspetog Isusa *(prev.)*.

la-Parsifala koji izvrće pravilo Okruglog stola: viteške vrline bile bi nehotične i javljale bi se kao prirodni dar, poput boje leptirovih krila, pa bi tako, čineći zapanjujuće nehajno svoje podvige, možda uspeo da prirodu potčini sebi, da spoznaju o svetu ima kao celinu, postane čarobnjak ili čudotvorac i zaceli ranu Kralja-Ribara, a pustoj zemlji ponovo podari zelenu limfu.

Dakle, mozaik od karata koji sada tako pomno gledamo jeste Delo, ili Potraga, koje bi želelo da nas do kraja dovede bez delanja i traganja. Doktor Faust je umoran od toga da čini bilo šta kako bi brzi preobražaj metala zavisio od sporih preobražaja u nama, sumnja u mudrost koju gomila usamljenički život *Pustinjaka*, i razočaran je u moći svog zanata kao i u preturanje po nizovima ovih karata. U tom trenutku blesak osvetli njegovu malu ćeliju na vrhu *Kule*. Pred njim se pojavi osoba sa šeširom široka oboda, kakve nose studenti iz Vitemberga: to je možda neki lutajući bogoslov ili *Opsenar* – šarlatan, vašarski čarobnjak koji je na nekoj klupici, od rasparenih tegli, napravio laboratoriju.

– Misliš li da ukradeš moj zanat? – verovatno se tako pravi alhemičar obrati varalici. – Kakav to čorbuljak mešaš u svojim velikim loncima?

– Čorbu koja je bila na početku *Sveta* – mogao je da odgovori nepoznati – i iz koje su nastali kristali i biljke, životinjske vrste i rod *homo sapiensa*! – i, kako kaže, naslućuje se u materiji koja ključa u usijanom loncu za topljenje, koji sada vidimo na XXI arkani. Na ovoj karti, koja je poslednja od svih tarot karata, i koja u igri nosi najveći broj poena, leti naga boginja – možda Venera – ovenčana mirtom. Četiri figure koje se okolo vide mogu se prepoznati kao najčešća molitvena znamenja, a možda se

85

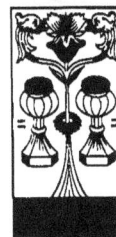

radi samo o promišljenom preobražaju nekih drugih priviđenja nespojivih sa slavom boginje: možda su to kentauri, sirene, harpije i gorgone, koji su upravljali svetom pre nego što su ih vladari s Olimpa potčinili sebi, ili su to možda dinosaurusi, mastodonti i mamuti – dokaz da je priroda postojala i pre nego što se predala – ne zna se na koje vreme – dominaciji čoveka. Ima i onih koji u centralnoj figuri ne vide Veneru, nego Hermafrodita – kao simbol duša koje dospevaju do centra sveta, najvažniju tačku na putu koji mora da pređe alhemičar.

– Znači, možeš da stvoriš i zlato? – verovatno upita doktor, na šta će drugi:

– Gledaj! – i zaslepi ga sefovima prepunim zlatnih poluga kućne izrade.

– Možeš li mi povratiti mladost?

Ova napast pokaza arkanu *Zaljubljenih*, na kojoj se kazivanje o Faustu meša sa onim o Don Huanu Tenoriju, čija se priča sigurno isto tako negde skriva u mreži ovih karata.

– Šta želiš zauzvrat da bi mi otkrio tajnu?

Dvojka Pehara predstavlja belešku o tajni spravljanja zlata; mogla bi da predstavlja duhove Sumpora i Žive koji se razdvajaju, sjedinjavanje Sunca i Meseca, ili pak borbu između Postojanog i Nepostojanog – recepti koji se mogu pročitati u svim studijama, ali da bi uspeli potrebno je ceo život provesti duvajući u šporet, a da s njima ipak ne izađeš na kraj...

Čini se da naš sused za stolom i sam, baš sada, odgoneta priču koja se još uvek odigrava u njemu. U ovom trenutku ne izgleda da će se išta nepredviđeno dogoditi: *Dvojka Dinara*, svojim vitkim upečatljivim crtežom, prikazuje razmenu, trampu, trange-frange, pa kako cena ove razmene može biti samo duša našeg suseda, u nestabilnoj krilatoj pojavi arkane *Umerenost* la-

86

ko prepoznajemo bezazlenu alegoriju, a pošto trgovina dušama pritiska razrokog čarobnjaka, onda nema sumnje da je reč o *Đavolu.*

Uz Mefistovu pomoć, svaka Faustova želja odmah se ostvaruje. Zapravo, bolje bi bilo reći da Faust dobija odgovarajuću količinu zlata za ono što poželi.

– I nisi zadovoljan?

– Verovao sam da je bogatstvo nešto drugo – mnogostrukost, promenljivost – a sad vidim samo komade istovetnog metala koji dolaze, odlaze i gomilaju se, i samo služe da se, uvek jednaki, umnožavaju.

Sve što njegove ruke dotaknu, pretvara se u zlato. Dakle, na *Kecu Dinara,* priča o Faustu meša se s pričom o kralju Midi, prikazujući Zemlju koja se pretvorila u kuglu od čistog zlata, nejestivu i nemoguću za život, osušenu u apstrakciju kovanog novca.

– Zar se već žališ što si potpisao ugovor sa Đavolom?

– Ne, greška je bila trampiti samo jednu dušu za samo jedan metal. Jedino ukoliko Faust napravi kompromis sa više đavola istovremeno, spasiće svoju mnogostruku dušu, i videti kako se Venera stalno iznova rađa na obalama Kipra, raspršujući mrlje nafte i penu od deterdženta.

Arkana XVII, kojom može da se zaključi priča o doktoru i alhemičaru, mogla bi, isto tako, i da započne priču o pustolovnom borcu, slikajući njegovo rođenje pod vedrim nebom. Sin nepoznatog oca i svrgnute kraljice-lutalice, Parsifal traga za tajnom svog porekla. Majka, da bi ga sprečila da o tome nešto više sazna (sigurno je imala neke svoje razloge) nauči ga da nikada ne postavlja pitanja, i odgoji u usamljenosti, oslobađajući ga teških viteških vežbi. Ali, i tim neprivlačnim pustarama lutaše lutajući vi-

tezovi, te im se mladić, ne pitajući ništa, priključi, lati oružja, uskoči u sedlo i konjskim kopitom pregazi majku koja ga je isuviše dugo štitila.

Sin iz grešne veze, ubica majke a da toga nije ni svestan, uskoro i sam uvučen u zabranjenu ljubav, Parsifal, lagano, sasvim bezazleno, prolazi svetom. Neuk za sve što mora da se nauči da bi se u svetu opstalo, sledi viteška pravila, jer druga i ne poznaje. I blistav, u potpunom neznanju, prelazi tegobne predele nejasnih spoznaja.

Pusti predeli prostiru se na karti *Meseca*. Na obali jezera stajaće vode nalazi se zamak na čiju je *Kulu* bačena kletva.Tu prebiva Amforta, Kralj-Ribar, koga vidimo, starog i grešnog, kako pipka ranu koja ne može da mu zaceli. Sve dok ova rana ne zaraste, neće se pokrenuti točak promena koji ide od sunčeve svetlosti ka zelenilu lišća i prazničnom veselju prolećne ravnodnevice.

Možda je greh Kralja-Ribara zaustavljeno znanje, uvela nauka koja se može biti čuva na dnu posude koju Parsifal vidi kako je u povorci nose stepenicama zamka; hteo bi da zna šta se u njoj nalazi, a ipak ćuti. Parsifalova snaga je u tome što je u svetu tako nov, i toliko zaokupljen time da se u njemu uopšte nalazi, pa mu ni ne pada na pamet da postavlja pitanja u vezi sa onim što vidi. Pa ipak, dovoljno je jedno njegovo pitanje, prvo pitanje koje će skinuti lance s pitanja o onome što se na svetu nikada nije ni pitalo, i evo kako se rastvara talog zgrudvanih vekova s dna iskopanih posuda, a doba, zgnječena između telurskih naslaga, ponovo počinju da teku, budućnost spasava prošlost, dok polen iz vremena izobilja, već hiljadulećima pokopan u tresetištima, ponovo uzleće i diže se nad prahom sušnih godina...

Ne znam od kada (da li su u pitanju sati ili godine) Faust i Parsifal nameravaju da pronađu svoje puteve, ređajući kartu za kartom po stolu ove krčme. Ali, svaki put kada se nad njih nagnu, njihova se priča drugačije čita, trpi prepravke, izmene, biva pogođena dnevnim promenama raspoloženja i toka misli, i njiše između dva pola – svega i ničega.

Svet ne postoji – zaključuje Faust kad klatno stigne do ove druge krajnje tačke – ne postoji neko „sve" zauvek dato: postoji samo konačan broj elemenata čije se kombinacije umnožavaju milijardama puta, a samo mali broj njih nalazi neki oblik i smisao i postavlja se usred sitnog praha bez smisla i oblika, poput sedamdeset osam karata ovog špila tarot karata, čijim se kombinacijama ukazuju priče koje se odmah potom i raspadaju.

Ovakav bi, dakle, bio Parsifalov zaključak (naravno privremen): – Lešnik sveta je prazan, početak onoga što se u vaseljeni kreće je prazan prostor, a oko praznine stvara se ono što jeste: na dnu *Grala* nalazi se *Tao* – i pokaza prazan pravougaonik okružen kartama.

PRIČA
O HAMLETU

PRIČA
O EDIPU

PRIČA
O JUSTINI

PRIČA O NEODLUČNOM

PRIČA O DIV KINJI

PRIČA O PARSIFALU

PRIČA O GROBARU

PRIČA O RATNIKU

PRIČA O PISCU

PRIČA O
KRALJU LIRU

PRIČA
O FAUSTU

PRIČA
O LEDI MA

I ja pokušavam da ispričam svoju priču

Otvaram usta, pokušavam da artikulišem reč, ječim, kucnuo je čas da i ja nešto kažem, jasno je da su karte prethodne dvojice istovremeno i karte moje priče, priče koja me je dovela dovde nizom nemilih susreta koji su, možda, samo niz susreta kojih nije ni bilo. Da bih počeo da pričam, moram da se pozovem na kartu pod nazivom *Kralj Štapa*, na kojoj se vidi čovek koji sedi i koji bi, ako ga niko drugi ne traži, mogao sasvim lepo da budem ja; posebno zato što drži neku zašiljenu alatku čiji je šiljak okrenut nadole, kao što i ja u ovom času činim; i zaista, ova alatka, ako se dobro zagleda, podseća na pisaljku, pero za pisanje, dobro naoštrenu grafitnu olovku ili hemijsku olovku, a to što je neproporcionalno velika, verovatno treba da nagovesti značaj koji spomenuta alatka za pisanje ima u životu spomenute nepomične osobe. Koliko znam, upravo me je crna nit što izlazi iz šiljka tog jeftinog žezla i dovela dovde, pa zato nije isključeno da je *Kralj Štapa* titula koja mi pripada; u tom slučaju reč *Štap* treba protumačiti kao prve crte koje deca ispisuju u školi, prvo zamuckivanje koje iskusi neko ko komunicira crtajući znakove, ili kao drvenu građu topole od koje se mesi bela celuloza i od koje se, potom, prave i prelistavaju

svežnjevi hartije spremne za (ovde se još jednom značenja prepliću) pisanje.

Dvojka Dinara je i za mene znak razmene, one razmene koja postoji u svakom znaku, od prve žvrljotine nactane tako da se razlikuje od žvrljotina onoga ko je prvi obeležio znak za pisanje, znak koji služi u razmeni druge robe (nisu ga slučajno izmislili Feničani i stavili u opticaj kao zlatni novac). Slovo ne treba shvatiti bukvalno; ono nameće vrednosti koje bez slova ne vrede ništa; ono je uvek spremno da se razvije samo od sebe i okiti cvetovima uzvišenog; (pogledaj kako je ovde ukrašeno i rascvetalo na označenoj površini) slovo – osnovni element Lepe Književnosti, koje u vijugama svog simbola skriva mnoštvo značenja, slovo S koje se izvija da pokaže da je tu, spremno da iskaže značenje. Oblik slova S, kao izražajni simbol, čije i značenje poprima oblik ovog slova.

Svi ovi *pehari* samo su osušene mastionice koje čekaju da po tmini mastila na površinu isplivaju demoni, moći podzemnih božanstava, bauci, himne posvećene noći, cveće zla, srca tmine, ili to možda u njima lebdi melanholični anđeo koji, kap po kap, izvlači sokove duše, i izliva ih u nadahnuća i božanska prikazanja...

Ali ništa od toga. *Žandar Mača* oslikava me nagnutog nad samim sobom kako istražujem šta se to krije ispod moje ljušture... ne izgledam zadovoljno – dobro sam prodrman i bezmalo isceđen... moja duša je isušena mastionica. Koji će Đavo poželeti da je uzme kao nagradu zato što će obezbediti uspeh mog dela?

U mom zanatu Đavo bi trebalo da bude karta koja se najčešće sreće: zar sadržaj pre pisanja nije samo opsednutost, pseći ujed, udarac kozjim rogom, sputana sila koja tumara po mraku? Na ovo se može i dvojako gledati: demonsko komešanje u unutrašnjosti pojedinca ili mnoštva, komešanje učinjenog ili onog što mislimo da smo učinili, i komešanje reči, izgovorenih ili onih koje mislimo da smo izgovorili, rđav je način da se dela i da se govori, i zato ga treba sputati; a možda je baš to ono najvrednije, pa kad već postoji, valja ga i pustiti napolje. Ova dva gledišta se međusobno prepliću, pa bi tako moglo biti da je negativno – negativno ali i neophodno, jer bez njega pozitivno ne bi bilo pozitivno, a možda i negativno nije sasvim negativno, sve dok se, u krajnjem slučaju, smatra pozitivnim.

Zbog svega ovoga, onome ko piše preostaje samo jedan neuporedivi model kome treba da teži – onaj toliko đavolski Markiz, koga mnogi nazivaju božanstvenim, Markiz koji podstaknu reč da istraži crne granice zamislivog. (Priča koju ćemo pokušati da pročitamo iz ovih karata biće o dve sestre koje bi mogle biti *Kraljica Pehara* i *Kraljica Mača*, jedna anđeoska, a druga izopačena. Prva se zamonaši u jednom manastiru, i još se i ne okrete a jedan *Pustinjak* baci je poda se, i tako iskoristi njene draži; a kada se ona požali predstojnici manastira ili *Sveštenici*, ova joj reče: – Ti, Justina, ne poznaješ svet; oni koji poseduju moć *Dinara* i *Mačeva* naročito uživaju u tome da od ljudi načine predmete; raznolikost zadovoljstava, kao ni spajanje uslovnih refleksa, nema granica... Važno je da se odluči ko uslovljava reflekse. Tvoja sestra, Julija, može te uputiti u raznovrsne tajne *Ljubavi*; od nje ćeš moći da naučiš da postoje oni koji uživaju da pokreću *Točak* muka, kao i oni koji vole da budu *Obešeni* za stopalo.)

Sve ovo je poput sna kojeg reč u sebi nosi, sna što se, kroz onog koji piše – oslobađajući ga – oslobađa. U pisanju progovara potisnuto. Stoga bi *Papa* bele brade mogao da bude veliki pa-

93

stir duša i tumač snova, Sigizmund iz Vindobona, a da bismo se u to uverili, treba samo da utvrdimo da se negde, u kvadratu sačinjenom od tarot karata, može pročitati priča koja se, kako uči njegovo učenje, krije u osnovi svih priča. (Uzmimo nekog mladića, *Žandara Dinara*, koji od sebe želi da odagna crno proročanstvo – oceubistvo i venčanje sa sopstvenom majkom. On kreće bogato ukrašenim *Kolima* prepuštajući se slučaju. *Dvojka Štapa* ukazuje na raskrsnicu na prašnjavom glavnom putu; to i jeste raskrsnica, i ko je bio tamo mogao bi da prepozna mesto gde se put koji vodi iz Korinta ukršta sa putem koji vodi u Tebu. *Kec Štapa* svedoči o trivijalnoj svađi na putu, jer dvoja kola ne žele jedna druga da propuste, pa točkovima ostaju priljubljena jedna uz druga, dok pomamljeni, prašnjavi vozači skaču na zemlju psujući i međusobno se vređajući baš kao kočijaši, nazivajući jedan drugom majku i oca svinjom i kravom; a još ako jedan od njih iz džepa izvadi kakvo sečivo, tu lako može biti i mrtvih. *Kec Mača*, *Luda* i *Smrt* pokazaše da na zemlji ostade nepoznati, onaj iz Tebe, ti to Edipe nisi namerno učinio, znamo, bio je to napad besa, ali naoružan si se ustremio na njega, kao da si celog života samo to čekao. Među kartama koje se potom pojavljuju nalazi se *Točak Sreće* ili Sfinga, *Car* koji pobedonosno ulazi u Tebu, *Pehari* svadbenog veselja s kraljicom Jokastom čiji portret vidimo na karti *Kraljice Dinara* – poželjnu, mada zrelu ženu, u odeći udovice. Ali, ostvari se proročanstvo: kuga pustoši Tebu, oblak bacila spusti se na grad, kužnim zadahom plavi ulice i kuće, tela prekrivena crvenim i modrim otocima ukrućena padaju po ulicama, osušenih usana, ližući vodu iz blatnjavih kaljuga. Preostaje samo da se obratimo Proročici iz Delfa, da nam objasni koji su zakoni i zabrane prekršeni, a starica s papskom krunom i otvorenom knjigom, uz koju stoji neobičan natpis – *Sveštenica*, upravo je ona. Kad bi se htelo, na arkani zvanoj *Pravda* ili *Anđeo*, mogla bi se prepoznati primarna scena na koju upućuje Sigizmundovo učenje o snovima – nežni anđelak budi se noću i, kroz snene oblake, vidi odrasle kako nešto, ko zna šta, rade – mama, tata i ostale zvanice – svi goli, u neshvatljivim pozama. Sudbina progovara u snu. Ostaje nam samo da to primimo k znanju. Edip, koji o tome nije ništa znao, oduzima sebi vid; karta *Pustinjaka* bukvalno ga predstavlja kako sebi iz oka vadi svetlost, i odlazi s mantijom i štapom hodočasnika.)

Na sve ovo, pisanje opominje kao proročanstvo, pročišćava kao tragedija. Konačno, od toga ne treba praviti problem. U pozadini pisanja je, dakle, ljudska vrsta ili civilizacija, ili barem nekakva dobit. A ja? I ono moje (mnogo ili malo) za koje sam verovao da u pisanje ulažem? Kada bih mogao da prizovem senku nekog pisca, da prati moje sumnjičave korake po područjima lične sudbine, ličnog ja, „proživljenog" (kako to sada kažu), onda bi to sigurno bila senka Samoljubivog iz Grenobla, provincijalca u osvajanju sveta, koga sam nekada čitao, kao da sam očekivao priču koju je trebalo ja da napišem (ili živim; ta dva glagola su se kod njega mešala, ili su se, tada, mešala u meni). Koje bi mi od ovih karata pokazao, kada bi odgovorio na moj poziv? Karte romana koji nisam napisao, *Ljubav* sa svom snagom, strepnjama i prevarama koje pokreće, pobednička *Kola* častoljublja, *Svet* koji ti dolazi u susret, lepotu obećane sreće? A ja, ja u svemu vidim samo scene koje se jednako ponavljaju, rutinu svakodnevnog, mukotrpnog života, lepotu fotografisanu za ilu-

strovane časopise. Zar je to uputstvo koje sam od njega očekivao? (Za roman i nešto u nejasnom srodstvu s njim – život?) Šta je to što je sve ovo vezivalo, a potom nestalo?

Bacam jednu kartu, bacam drugu, i tako ostajem s malo karata u ruci. *Konjanik Mača, Pustinjak* i *Opsenar* uvek me predstavljaju onakvog kakvim sam se, s vremena na vreme zamišljao, dok sedim i povlačim pero gore-dole po hartiji. Galopom se, stazama mastila, udaljava borbeni polet mladosti, životni nemir, snaga pustolovine – svi istrošeni u pokolju brisanja i zgužvanih listova. I već na sledećoj karti u koži sam starog, osamljenog monaha u ćeliji, knjiški moljac koji uz svetlost svetiljke pretražuje mudrost zaboravljenu na beleškama u dnu stranica i u uputstvima za korišćenje analitičkih indeksa. Možda je kucnuo čas da priznam da je karta broj jedan jedina koja istinski predstavlja ono što mogu da budem – žongler ili opsenar, koji na vašarskoj tezgi razmešta neke figure i tako, premeštajući ih, spajajući ili razmenjujući, postiže izvesne efekte.

Žonglersku veštinu ređanja tarot karata i izvlačenja priča iz njih, mogao bih da prikažem i slikama iz muzeja. Mogao bih, recimo, svetog Jeronima da stavim umesto *Pustinjaka*, a svetog Đorđa umesto *Konjanika Mača* tek da vidim šta će se dogoditi. To su, gle slučajnosti, slikarske teme koje me najviše privlače. U muzejima se uvek rado zaustavljam ispred portreta svetog Jeronima. Ovog isposnika slikari prikazuju kao naučnika koji, sedeći pod vedrim nebom, ispred otvora pećine, izučava traktate dok se nedaleko od njega šćućurio lav, ukroćen i miran. Zašto baš lav? Zar pisana reč smiruje strasti? Kroti sile prirode? Nalazi sklad s nehumanošću vaseljene? Ili krije suzdržanu silu, uvek spremnu da se ustremi i rastrgne? Bilo kako bilo, slikarima se dopada da sveti Jeronim pored sebe ima lava (pričica o trnu u šapi je prihvatljiva, ali je reč o uobičajenoj grešci prepisivača), a i ja sam zadovoljan i osećam se sigurnim kada ih vidim zajedno, i trudim se da se prepoznam u njima, ne samo u svecu, još manje samo u lavu (oni, uostalom, često liče jedno na drugo), već u obojici istovremeno, u jedinstvu, na slici, figurama, predmetima, pejsažu.

Predmeti koji služe za čitanje i pisanje na slici su postavljeni među stene, travu, guštere, pa postaju tvorevine i instrumenti mineralno--biljno-životinjske postojanosti. Među isposnikovim stvarima nalazi se i jedna lobanja – pisana reč uvek vodi računa o poništavanju onoga ko je pisao ili onoga ko će čitati. Neartikulisana priroda svojim pitanjima pridružuje i pitanje čoveka.

Obratite pažnju da se ne nalazimo u pustinji, džungli, niti na pustom ostrvu; grad je tu, na dva koraka od nas. Na slikama isposnika gotovo uvek je u pozadini neki grad. Na jednoj Direrovoj graviri maltene cela slika predstavlja grad – nisku piramidu izrezbarenu četvrtastim tornjevima i šiljatim krovovima. Svetac, priljubljen uz brdašce u prvom planu, leđima je okrenut gradu i, ispod monaške kapuljače, ne skida pogled sa knjige. Na Rembrantovom direktnom bakrorezu grad se uzdiže visoko iznad lava koji kruži njuškom, a svetac u dnu slike, blažen, čita u senci oraha, ispod šešira sa širokim obodom. Uveče, isposnici vide kako se pale svetla na prozorima, a vetar u naletima donosi muziku sa slavlja. Kada bi samo hteli, za četvrt sata bi mogli da se vrate među ljude. Snaga isposnika ne meri se po tome koliko se on udaljio od ljudi, već najmanjom udaljenošću koja mu je neophodna da se odvoji od grada, a da ga nikad ne izgubi iz vida.

Recimo da je usamljeni pisac prikazan u svojoj radnoj sobi, onda bismo svetog Jeronima, da nije lava, lako mogli zameniti svetim Avgustinom: Pisanje, kao zanat, izjednačava pojedinačne živote – jedan čovek za pisaćim stolom izgleda kao i svaki drugi čovek za pisaćim stolom. Ali i druge životinje, a ne samo lav, kao nenametljive glasonoše spoljnjeg sveta, posećuju usamljenog naučnika: paun (kod Antonela od Mesine, u Londonu), vučić (kod Direra, na drugoj graviri), maltežanin (kod Karpača, u Veneciji).

Treba posmatrati na ovim slikama kako su raznovrsni predmeti raspoređeni u prostoru i kako puštaju svetlost i vreme da klize po njihovoj površini; tu su ukoričene knjige, smotuljci pergamenta, peščani satovi, stari sekstanti, školjke, kugla koja visi s tavanice i pokazuje kako se kreću neba (kod Direra se na ovom mestu nalazi tikva). Figura svetog Jeronima – svetog Avgustina može da bude i u sredini platna, kao kod Antonela, ali znamo da portret sadrži i mnoge predmete, pa stoga prostor sobe oslikava prostor duha, enciklopedijski ideal intelekta, njegove podele, njegovo spokojstvo.

Ili njegov nemir: sveti Avgustin kod Botičelija (u Ufičiju) postaje uznemiren, gužva listove jedan za drugim, baca ih na pod, pod sto. Čak i u radnoj sobi, gde vlada duboka tišina, usredsređenost, prijatnost (stalno gledam Karpača), prolazi struja visokog napona: otvorene knjige same okreću stranice, klati se obešena kugla, kroz prozor ulazi kosa svetlost, pas podiže njušku. Tu, u tom zatvorenom prostoru, krije se najava zemljotresa: harmoničnu geometriju intelekta ovlaš dotiče paranoična opsednutost. Ili to prozore trese mukli prasak spolja? Kao što samo grad daje smisao oporom pustinjakovom pejsažu, tako je i radna soba, sa svojom tišinom i redom, mesto gde se registruju kretanja seizmografa.

Godinama sam već ovde zatvoren i smišljam hiljade razloga da ne pomolim nos napolje, ali ne nalazim nijedan koji bi mi smirio dušu. Da možda ne žalim za ekstrovertnijim mogućnostima izražavanja? Bilo je dana kada sam obilazio muzeje i zastajkivao ispitujući i upoređujući slike svetog Đorđa i njegove aždaje. Slike svetog Đorđa imaju jednu vrlinu – pokazuju da je slikar bio srećan što treba da ga naslika. Zašto slikari slikaju svetog Đorđa ne verujući zapravo u njega, u slikarsku temu, već samo u slikarstvo? Oni su oduvek bili svesni njegovog nepostojanog položaja (kao svetac isuviše podseća na Perseja iz mita, a kao junak mita isuviše podseća na mlađeg brata iz bajke) tako da su ga oduvek gledali malo „primitivnim" okom. No, istovremeno su i verovali u njega, onako kako slikari i pisci veruju u priču koja je prošla mnogobrojne oblike, a pošto su je uvek iznova slikali, i uvek iznova opisivali, čak i da nije bila – postala bi istinita.

Na slikarskim portretima sveti Đorđe je uvek bezličan, ne mnogo drugačiji od *Konjanika Mača* na kartama, a njegova borba sa aždajom predstavljena je vanvremenim likom prikovanim za grb, bilo da iz sve snage napada, kao kod Karpača, i sa svoje polovine platna nasrće na aždaju koja se ustremila na drugu stranu, kako bi napala svom snagom, skoncentrisana i pognute glave kao kod bicikliste (unaokolo, u detaljima, vidi se niz leševa čije faze raspadanja vremenski prate razvoj priče), bilo da se konj i aždaja preklapaju nalik monogramu, kao kod Rafaela, u Luvru, a sveti Đorđe kopljem, odoz-

go nadole, šeta po grlu čudovišta i operiše anđe-
oskom hirurgijom, (ovde se ostatak priče svodi
na koplje koje polomljeno leži na zemlji, i po-
malo zbunjenu devicu); ili se on u nizu – prin-
ceza, aždaja, sveti Đorđe, zver (dinosaurus!) –
pojavljuje kao centralna figura (Paolo Učelo, u
Londonu i Parizu) ili pak tamo, u dnu slike,
odvaja aždaju od princeze koja je u prvom pla-
nu (Tintoreto, u Londonu).

U svakom slučaju, sveti Đorđe pred našim
očima okončava svoj podvig, a uvek zatvoren u
svoj oklop ne otkriva nam ništa o sebi. Psiholo-
gija nije za čoveka od akcije. U krajnjem sluča-
ju, mogli bismo da kažemo da je sva psihologi-
ja na strani aždaje i njenog razjarenog grčenja:
neprijatelj, čudovište i pobeđeni imaju neki pa-
tos koji junak-pobednik ne može da ima ni u
snu (ili vodi računa da ga ne pokaže). Onda bi
se lako moglo reći da aždaja predstavlja psiho-
logiju, a da se sveti Đorđe suočava sa psihom,
sa svojom tamnom dubinom, s neprijateljem
koji je već namučio mnoge mladiće i devojke,
unutrašnjim neprijateljem koji je postao pred-
met sramne otuđenosti. Da li je ovo priča o
energiji projektovanoj na svet ili dnevnik o in-
trovertnosti?

Slike naredne faze (aždaja prostrta po zem-
lji kao mrlja ili izduvani omotač) slave izmire-
nje s prirodom, koja uvećava drveće i stene ka-
ko bi zauzela celu sliku, proterujući u ugao
likove ratnika i čudovišta (Altdorfer, u Minhe-
nu; Đorđone, u Londonu); ili je to možda slav-
lje preporođenog društva okupljenog oko juna-
ka i princeze (Pizanelo, u Veroni; Karpačo na
platnima narednog ciklusa, u Palati Skjavoni).
(Patetična prećutna misao: pošto je junak sve-
tac, venčanja neće biti, biće krštenje.) Sveti
Đorđe vodi aždaju na užetu kako bi je javno

usmrtio na trgu. Ali, na ovom slavlju grada oslobođenog od noćne more, ne smeje se niko, sva lica su turobna. Prisustvujemo izvršenju smrtne kazne, sviraju trube i doboši, mač svetog Đorđa visi u vazduhu, i svima nam zastaje dah kad shvatimo da aždaja ne predstavlja samo neprijatelja, nekog drugačijeg, nekog drugog, već da smo to mi, i neki deo nas koji je za osudu.)

Na zidovima Palate Skjavoni, u Veneciji, priče o svetom Đorđu i svetom Jeronimu prate jedna drugu, kao da se radi o istoj priči. Možda to i jeste jedna priča, život jednog istog čoveka – mladost, zrelost, starost, smrt. Treba samo da pronađem trag koji viteški poduhvat sjedinjuje s osvajanjem mudrosti. A šta ako sam upravo ovog časa uspeo svetog Jeronima da okrenem ka spoljašnjosti a svetog Đorđa ka unutrašnjosti?

Razmislimo. Ako dobro pogledamo, zajednički element obe priče je odnos s krvoločnom životinjom, aždajom-neprijateljem i lavom-prijateljem. Aždaja preti gradu, lav usamljenosti. Možemo ga smatrati samo životinjom – krvoločnom zveri koju srećemo kako izvan, tako i unutar nas, u javnosti i intimi. Neoprostivo je da čovek stanuje u gradu i prihvati uslove krvoločne zveri, hraneći je sopstvenom decom. Ali, neoprostivo je i živeti u usamljenosti misleći da smo mirni jer krvoločna zver ne napada zbog trna u šapi. Junak priče je onaj koji u gradu uperi koplje u aždajino grlo, a u samoći pored sebe drži lava u punoj snazi i prihvata ga kao čuvara i kućnog duha, ne zaboravljajući pritom njegovu prirodu zveri.

Uspeo sam da zaključim, dakle mogao bih da budem zadovoljan. Da nisam preterano poučan? Ponovo čitam. Da sve pocepam? Da vidimo, prvo treba reći da priča o svetom Đorđu i svetom Jeronimu nije priča koja ima početak i kraj. U sobi smo, i figure se pred našim očima pojavljuju istovremeno. Čovek ili uspeva da bude i ratnik i mudrac u svemu što čini i misli, ili neće biti niko, a ista je zver u isto vreme aždaja-neprijatelj u svakodnevnom gradskom pokolju i lav-čuvar prostranstava mišljenja; i s njim se čovek može suočiti samo s njegova oba lika istovremeno.

Tako sam sve postavio na mesto. Na papiru, barem. U meni je i dalje sve isto kao ranije.

Tri priče o ludilu i razaranju

Sada kad vidimo kako ovi zamašćeni parči-
ći kartona postaju muzej slika velikih majstora,
pozorište tragedije, biblioteka poema i romana,
mozganje o rečima zemlja-zemlja (zbog kojeg,
da bismo sledili figure arkana, moramo da se
uzdižemo sve više i više), pokušaće da uzleti
još snažnije i lupne krilima najpernatijih reči,
reči možda prisluškivanih s neke galerije u po-
zorištu kada se, na njihov zvuk, crvotočna zave-
sa na škripavoj pozornici pretvara u kraljevske
dvorce i bojna polja.

I zaista, ovo troje koji počinju da se svađaju,
sada to čine svečanim pokretima, kao da drže
govor, i dok svi prstom jedne ruke pokazuju is-
tu kartu, drugom uz grimase kojima nas doziva-
ju, pokazuju da te figure treba shvatiti na ovaj,
a ne na onaj način. Evo kako sada, na karti čije
ime varira u zavisnosti od primene i narečja –
Kula, Božija kuća ili *Đavolja kuća* – mladić ko-
ji nosi mač, da bi se, reklo bi se, počešao po du-
goj plavoj kosi (koja je sada seda), prepoznaje
bedeme Elsinora dok noćnom tminom prolazi
užasna avet koja prestravljuje stražare svojim
veličanstvenim napredovanjem i koja, po pro-
sedoj bradi i blistavoj kacigi i kočijama, liči ka-
ko na *Cara* iz ovog špila karata, tako i na pokoj-
nog kralja Danske koji se vraća da traži *Pravdu.*
Karte zagonetno nude pomoć kao odgovor na

103

nema mladićeva pitanja: – Zašto se podigao teški poklopac tvoga groba, a tvoj leš vratio da obuče čeličnu odeću i poseti Zemlju plašeći čak i *Mesečeve* zrake?

Prekida ga dama usplahirena pogleda, koja polaže pravo da u toj istoj *Kuli* prepozna zamak Dansinejn u kome će se razbesneti osveta koju su veštice nejasno objavile: pokrenuće se Birnamska šuma a po obroncima brda podići će se čitave čete drveća batrgajući sa na svom korenju izvađenom iz zemlje, i pružajući grane kao na *Desetki Štapa* napašće tvrđavu; a onaj koji je tvrđavu oteo saznaće da će mu Makdaf, rođen udarcem mača, udarcem *Mača* odrubiti glavu. I kao što neki smisao nalazi i zlokobni sled karata: *Sveštenica* (ili veštica koja proriče), *Mesec* (ili noć u kojoj tri puta zamjauče tigrasta mačka i grokne bodljikavo prase, noć u kojoj žabe krastače, poskoci i škorpioni dopuste da budu ulovljeni za supu), *Točak* (ili stalno mešanje grgljajućeg kazana u kome se rastaču mumije čarobnih žena, kozja žuč, krzno slepog miša, mozgovi fetusa, trbušine tvora, repovi majmuna što seruckaju), tako i najbesmislenije znake koje veštice smućkaju u svoje bućkuriše, pre ili kasnije potvrdi neki smisao, pa ga konačno i oni sami nađu, i svedu te, tebe i tvoju logiku, na običnu kašu.

Arkanu Kule i Munje, međutim, pokazuje i drhtavi prst jedne časne starine, koji drugom rukom podiže figuru *Kralja Pehara*, verovatno da bismo ga prepoznali, pošto u njegovoj zapuštenoj pojavi nema više nijednog od kraljevskih obeležja. Ništa mu pod milim bogom ne ostaviše njegove dve izopačene kćeri (kao da ovo hoće da nam kaže pokazujući na portrete dve okrutne dame s krunom, a potom na pusti *Mesečev* pejsaž), a sada žele da mu oduzmu i ovu kartu, dokaz o tome kako je izbačen iz svog kraljevskog dvorca, preturen preko njegovih zidina poput kante za smeće, prepušten stihiji prirode. On sada nastanjuje oluju, kišu i vetar, kao da drugu kuću ne može da ima, kao da je nedopustivo da u svetu još uvek postoji nešto drugo osim grāda, grmljavine i nevremena, kao što i njegov um sada nastanjuju samo vetar, munje i ludilo. – Duvajte vetrovi, dok vam obrazi ne puknu! Pljuskovi, uragani, izlijte se da potopite zvonike, da udavite petlove na vetrokazima! A vi, bleskovi sumpora brži od misli, niske munja što cepate hrastove, oprljite moje sede vlasi! Ti, grome, tresni loptu sveta, zgnječi Zemlju i pretvori je u otvorenu planisferu, polupaj kalup prirode, rasprši hromozome što ovekovečuju ljudski rod! – Ovaj uragan misli čitamo u očima starog vladara koji među nama sedi šćućuren, ali više ne u plaštu od hermelina, nego u mantiji *Pustinjaka*, kao da se još uvek, uz svetlost svetiljke, potuca po pustari bez zaklona, s *Ludom* kao jedinim osloncem i ogledalom svog ludila.

No, onom mladiću od maločas *Luda* je samo uloga koju je sam sebi nametnuo, da bi bolje proučio plan osvete i sakrio dušu uznemirenu spoznajom o krivici svoje majke Gertrude i strica. Ako je on bolesnih živaca, onda u svakoj bolesti živaca ima planskog postupanja i u svakom planskom postupanju ima ove bolesti. (To dobro znamo mi, prikovani za ovu igru tarot karata.) Evo priče o mladima i starima koju poče da nam priča Hamlet: što se mladost oseća krhkijom pred autoritetom starijih, to je sklonija da o sebi stvara sliku koja ide u krajnost i bezuslovnost, i više ostaje pod uticajem pretnji roditeljskih utvara. Ništa manji nemir ne izazivaju ni mladi u starima – prete poput utvara, idu po-

105

gnute glave mrmljajući ozloješeno, i na površinu izvlače griže savesti koje su stari pokopali, omalovažavajući ono najbolje što stariji veruju da imaju u sebi – iskustvo. Dakle, reče luda, Hamlet, sa čarapama koje mu landaraju i otvorenom knjigom ispred nosa: prelazno doba podložno je mentalnim poremećajima. Uostalom, majka ga je uhvatila *Zaljubljenog,* kako luduje za Ofelijom; i ubrzo bi postavljena dijagnoza – recimo, ljubavno ludilo – i time se sve objašnjava. Konačno, u ovo će biti umešana i Ofelija, jadni anđelak, koja je ovde označena arkanom *Umerenost* i koja već predviđa kako će skončati u vodi.

Evo i *Opsenara* koji objavljuje da je lutajuća trupa lakrdijaša ili glumaca stigla na dvor da prikaže predstavu; to je prilika da se kralj suoči sa svojim greškama. Drama prikazuje nevernu *Caricu* koja je pri tome i ubica. Prepoznajemo li u njoj Gertrudu? Klaudije, uznemiren, beži. Od tog trenutka Hamlet zna da ga stric, skriven iza zavese, uhodi; dovoljan je samo dobar udarac *Mačem* u tešku, nabranu zavesu koja se pomera, pa da kralj na licu mesta padne mrtav... Miš! Miš! Kladim se da ću ga srediti!... Ali, avaj! Tamo nije skriven kralj već (kako otkriva karta pod nazivom *Pustinjak*) stari Polonije, zauvek prikovan kako prisluškuje, jadna uhoda koja malo šta može da shvati. Nikakav ti udarac, Hamlete, neće poći za rukom; nisi umirio očevu sen, a od devojke koju si voleo napravio si siroče. Tvoj karakter namenio ti je nestvarne meditacije; ne prikazuje te bez razloga *Žandar Dinara* kako duboko razmišljaš nad crtežom kružnog oblika; možda je to *mandala* – geometrijski crtež onostrane harmonije.

Čak i naša nešto manje misaona gošća, zvana *Kraljica Mača* ili ledi Magbet, kao da se potrese videvši kartu *Pustinjaka*; možda u njemu ugleda novu sablast, senku Banka, s kapuljačom na glavi, koji, zaklan, s naporom hoda hodnicima zamka, a na gozbi nepozvan seda na počasno mesto i cedi krvavi pramen kose u supu. Ili, možda, u njemu prepoznade svog muža lično, Magbeta, koji je ubio san, pa po noći, uz svetlost lampe, posećuje gostinske sobe, neodlučan poput komarca kome je žao da isfleka jastučnicu. – Krvave ruke i bledunjavo srce! – podstiče ga i podbada žena, ali to ne znači da je ona mnogo gora od njega; podelili su uloge kao dobri supružnici, brak je sudar dva egoizma koja se uzajamno drobe, od njega se šire pukotine u temeljima civilizacije, dok stubove opšteg dobra drži ljuštura guje privatnog varvarstava.

Ipak smo videli da je u *Pustinjaku* kralj Lir mnogo verodostojnije prepoznao sebe, kako se lud potuca tržeći anđeosku Kordeliju (evo, *Umerenost* je još jedna izgubljena karta, i to samo svojom krivicom), svoju neshvaćenu kći, koju je oterao da posluša savet lažljive pakosti Regane i Gonerile. Što god uradi sa kćerima, otac greši. Bilo da su samovoljni ili popustljivi, roditeljima niko nikada neće reći hvala. Generacije se međusobno popreko gledaju, razgovaraju samo da se ne bi shvatile, i uzajamno optužuju što su rasle nesrećne i umirale razočarane.

Gde je skončala Kordelija? Možda se, bez utočišta i ikakvih krpa da se pokrije, sklonila u ove pustare, pa pije vodu iz jazova, a ptice joj, kao Mariji Egipćanki, donose zrnevlje prosa da se nahrani. Ovo bi, dakle, mogao biti smisao arkane *Zvezda*, u kojoj ledi Magbet prepoznaje sebe u mesečarki koja ustaje noću, bez odeće i sklopljenih očiju, i posmatra krvave trgove na svojim rukama mučeći se bezuspešno da ih opere. Taman posla! Miris krvi ne nestaje; ni

svi arapski mirisi nisu dovoljni da se te male ruke očiste.

Ovakvom tumačenju suprotstavlja se Hamlet koji je u svojoj priči došao do trenutka kada (arkana *Svet*) Ofelija silazi s uma, cvrkuće besmislice i brojalice, i s venčićima na glavi (ljutić, kopriva, krasuljak, i ono cveće izduženog oblika kojima prosti pastiri daju nezgrapna imena, a koje naše čedne devojke nazivaju pokojnikov ud) luta poljima. Upravo joj je ova karta, sedamnaesta arkana, potrebna da nastavi priču, arkana na kojoj se na obali potoka vidi Ofelija, ispružena po staklastoj, sluzavoj rečnoj matici koja će je za koji tren potopiti, a njenu kosu obojiti zelenom buđi.

Na groblju, skriven među grobovima, Hamlet razmišlja o *Smrti* podigavši iščašenu vilicu lobanje Jorika-dvorske lude. (To je, dakle, onaj obli predmet koji *Žandar Dinara* drži u ruci!) Tamo gde je *Luda*-profesionalac mrtav, razarajuće ludilo, koje je u njemu nalazilo oduška u skladu sa obrednim pravilima ponašanja, meša se u jezik i dela vladara i njegovih podanika, koji više ni od samih sebe ne mogu da se zaštite. Hamlet već zna da čega god da se dotakne, on pravi štetu. Misle da nije sposoban da ubije? A šta ako je to jedino što mu zaista polazi za rukom? Jedina je šteta što uvek izabere pogrešan cilj – kad ubijamo, uvek ubijamo nekog drugog.

Dva mača se ukrštaju u dvoboju: izgledaju isto, ali jedan je šiljast a drugi tup, jedan otrovan a drugi čist. Kako god bilo, uvek se mladi kolju prvi – Laert i Hamlet koji bi, da ih je snašla bolja sudbina, bili rođaci a ne žrtva i dželat. Na karti *Pehara* kralj Klaudije sinovcu, poput otrovne bombone, baca biser... Ne Gertruda, ne pij! Ali, kraljica je žedna – kasno je! Hamletov mač isuviše kasno probada kralja. Završava se peti čin.

U sve tri tragedije napredovanje bojnih *Kola* kralja-pobednika označava spuštanje zavese. Fortinbras iz Norveške iskrcava se na bledo baltičko ostrvo, dvorac je u tišini, vojskovođa ulazi, svuda oko njega je mermer. Pa to je mrtvačnica! Tu je cela smaknuta danska kraljevska porodica. O, gorda, ohola *Smrti*! Da bi ih pozvala na ovu svečanu gozbu u svoje jazbine bez izlaza, jednim udarcem si izmamila tolike ljude visokog položaja, prelistavajući zbornik gotskih priča svojim srpom – nožem za hartiju?

Ne, to nije Fortinbras; to je kralj Francuske koji je oženio Kordeliju i prešao Lamanš da pomogne Liru, i izbliza stegne vojsku tog Glosterovog Kopilana, oko koga se otimaju dve opake kraljice-suparnice; ali ne stiže na vreme da iz kaveza oslobodi mahnitog kralja i njegovu kći, zatvorene tamo da, kao ptičice, pevaju i smeju se leptirima. Prvi put porodicom vlada mir. Plaćeni ubica treba da zakasni samo neki minut. Ali, on stiže tačno na vreme, davi Kordeliju, dok njega davi Lir koji urla: – Kako su živi konj, pas i miš, a Kordelija više ne diše? – A Kentu, tom vernom Kentu, ostaje samo da mu poželi: prepukni srce, preklinjem te, prepukni!

Možda se i ne radi o kralju Norveške ili Francuske, već Škotske, legitimnom nasledniku prestola koji je Magbet preoteo, pa to njegova kočija ide ispred engleske vojske, i Magbet konačno mora da kaže: – Umoran što je *Sunce* večno na nebu, čekam da se raspadne sintaksa *Sveta*, pomešaju karte ove igre, listovi ovog *folio* izdanja i krhotine ovog ogledala propasti.

AUTOR O OVOJ KNJIZI

Italo Kalvino, jedan od nekoliko najznačajnijih italijanskih pripovedača i romanopisaca ovoga veka, rođen je 15. oktobra 1923. godine u Santijagu de las Vegas, na Kubi. Odrastao je u San Remu. Italijanskim partizanima pridružio se 1943. godine. Književnost je studirao u Torinu, a kasnije je radio kao lektor i urednik. Duže vreme je živeo u Parizu. Umro je 19. septembra 1985. godine, u Sijeni. Inače, sva njegova važnija dela su kod nas prevedena. U biblioteci Reč i misao *ranije je već objavljen njegov roman* Baron na drveću.*

Za izdanje ove knjige, 1973. godine, načinio je posebnu belešku o njenoj zamisli i nastajanju. Donosimo je umesto pogovora.

Od dva teksta koja sačinjavaju ovu knjigu, prvi, *Zamak ukrštenih sudbina*, štampan je najpre u delu *Tarot karte, špil porodice Viskonti, iz Bergama i Njujorka*, u izdanju Franka Marije Ričija, Parma 1969. Sličice koje prate naše izdanje služe da podsete na minijature koje je ovaj izdavač štampao u boji i u originalnoj veličini. Radi se o špilu tarot karata koje je, sredinom XV veka, minijaturama oslikao Bonifacio Bembo za vojvode od Milana, a čiji se jedan deo danas nalazi u *Accademia Carrara* u Bergamu, a drugi u *Morgan Library* u Njujorku. Nekoliko karata Bembovog špila je izgubljeno, među kojima i dve koje su veoma važne za moje pripovedanje: *Đavo* i *Kula*. Stoga, tamo gde se u mom tekstu pominju ove karte, nisam bio u mogućnosti da na marginu stavim odgovarajuću sliku.

Drugi tekst, *Krčma ukrštenih sudbina*, komponovana je na isti način, dakle pomoću špila tarot karata koji se danas najčešće sreće (i često je korišćen u literaturi, naročito od nadrealizma pa nadalje): *L'Ancien Tarot de Marseille*, u kome se nalaze reprodukcije (u „kritičkom izdanju" Pola Martoa) karata koje je 1761. godine štampao Nikola Konver, *maître cartier* u Marselju. Za razliku od karata koje su oslikane minijaturama, ove nude umanjenu grafičku reprodukciju, a da pri tom ne gube mnogo (osim možda boje) od svoje sugestivnosti. „Marseljski" špil ne razlikuje se mnogo od karata koje se još uvek, u najvećem delu Italije, najčešće koriste za igru; ali dok se na njima figura presečena napola i okrenuta naopačke ponavlja, ovde svaka figura potpuno ispunjava sliku, grubu i tajnovitu u isto vreme, što je čini posebno prikladnom za moj pokušaj da pripovedam slikama koje se mogu različito tumačiti.

Francuski i italijanski nazivi velikih arkana neznatno se razlikuju: *La Maison-Dieu* kod nas je *Kula*, *Le Jugement* – *Anđeo*, *L'Amoureux* je *Ljubav* ili *Zaljubljeni*, dok se s jednine *L'Etoile* prelazi na množinu *Zvezde*. U zavisnosti od potrebe, služio sam se jednom ili drugom nomenklaturom. (*Le Bateleur* i *Opsenar* su nazivi nejasnog porekla u oba jezika, i jedino njihovo sigurno značenje jeste da se radi o karti broj jedan.)

Ideju da koristim tarot karte kao pripovedač-ku kombinatoriku dao mi je Paolo Fabri koji je, na „Međunarodnom seminaru o strukturi priče", jula 1968, u Urbinu, imao izlaganje na temu *Pripovedanje pomoću karata i jezik simbola.* Karte za gatanje u pripovedačkoj prozi prvi su analizirali M. I. Lekomčeva i B. A. Uspenski *Gatanje kartama kao semiotički sistem*, kao i B. F. Jegorov – *Najjednostavniji semiotički sistemi i tipologija književnih zapleta.* Ali, ne bih mogao da kažem da se moj rad oslanjao na metodološki doprinos ovih istraživanja. Od njih sam prihvatio ideju da značenje svake pojedinačne karte zavisi od mesta na kome se ona nalazi u nizu karata koje joj prethode i slede; pošavši od te ideje, krenuo sam samostalno, sledeći unutrašnje potrebe teksta.

Iako sam se upoznao s veoma obimnom bibliografijom koja se odnosi na gatanje pomoću karata i njihovo simboličko tumačenje, smatram da to nije presudno uticalo na moj rad. Prvenstveno sam se posvetio pažljivom posmatranju karata, poput nekoga ko ne zna šta one zapravo predstavljaju, trudeći se da iz njih izvučem sugestije i asocijacije, i tumačim ih na osnovu zamišljene ikonografije.

Započeo sam marseljskim kartama, pokušavajući da ih poređam tako da se predstave kao niz scena piktografske priče. Kada bi mi slučajno spojene karte otkrile priču u kojoj bih prepoznao nekakav smisao, počinjao bih da je zapisujem. Na taj način sam uspeo da skupim dosta književne građe; rekao bih da je najveći deo *Krčme ukrštenih sudbina* tada napisan; ali nikako mi nije polazilo za rukom da karte poređam u niz koji bi sadržavao mnoštvo priča – stalno sam menjao pravila igre, opštu strukturu, pripovedačka rešenja.

Bio sam već spreman da odustanem, kada me Franko Marija Riči pozva da napišem tekst za knjigu o tarot kartama Viskontijevih. Prvo sam pomislio da iskoristim već napisane stranice, ali sam ubrzo shvatio da je svet s minijatura iz petnaestog veka sasvim drugačiji od onoga koji se vidi na popularnom marseljskom tarotu. Ne toliko zbog toga što su neke arkane drugačije naslikane (*Snaga* prikazuje muškarca, na *Kolima* je žena, *Zvezda* nije naga već obučena), pa su iz korena menjale priču na koju se odnose, koliko stoga što su ove slike pretpostavljale drugačiji senzibilitet i jezik. Ovo razmišljanje spontano me je dovelo do *Besnog Orlanda*; mada su Bembove minijature slikane čitav vek pre Ariostovog epa, one su sasvim dobro prikazivale vizuelni svet u kome se mogla ispoljiti Ariostova mašta. Odmah sam pokušao da pomoću viskontskih tarot karata sastavim nizove inspirisane *Besnim Orlandom*; tako mi je bilo lako da sagradim svoj „magični kvadrat" i osnovne priče koje se u njemu ukrštaju. Potom je samo trebalo pustiti da se oblikuju ostale, međusobno ukrštene priče, i tako sam dobio neku vrstu ukrštenice, sačinjene od slika umesto od reči, čiji se svaki red mogao čitati u oba smera. Za nedelju dana *Zamak ukrštenih sudbina* (dakle, ne više *Krčma*) bio je spreman za objavljivanje u luksuznom izdanju koje mu je bilo namenjeno.

Ovakav *Zamak* naišao je na dobar prijem kod duhovno bliskih kritičara-pisaca, bio je podvrgnut ozbiljnoj naučnoj analizi u učenim međunarodnim časopisima iz pera Marije Korti i Žerara Ženoa, a američki romanopisac Džon Bart o njemu je govorio na predavanjima na Univerzitetu u Bufalu. Ovakav prijem me je ohrabrio da pokušam da ga ponovo objavim, ovoga puta u ruhu koje obično imaju moje knjige, te da ga lišim ilustracija u boji kakve priliče knjigama o umetnosti.

Želeo sam prvo da zavirim u *Krčmu* i pridružim je *Zamku*. Popularne karte su, osim toga što se mogu bolje reprodukovati u crnobeloj tehnici, za mene imale i mnoštvo pripovedačkih sugestija koje u *Zamku* nisam mogao da razvijem. Prvo sam i za ove, marseljske karte, morao da sagradim neku vrstu „okosnice" za ukrštene priče koje sam sakupio pomoću karata Viskontijevih. A upravo mi to nije polazilo za rukom. Želeo sam da krenem od prvih priča koje su mi karte nametale, kojima sam već pripisao određena značenja, i koje sam većim delom već bio napisao; no, nikako mi nije polazilo za rukom da ih uklopim u jedinstvenu šemu, i što sam ih više proučavao, to se priča više komplikovala i privlačila sebi sve veći broj karata, negirajući druge kojih ipak nisam želeo da se odreknem. Tako sam provodio dane i dane rasklapajući i sklapajući svoj *puzzle*, izmišljajući nova pravila igre, skicirajući stotine novih šema u obliku kvadrata, romba, zvezde, ali bi mi uvek osnovne karte ostajale izvan šeme, dok bi se u centru našle one suvišne; šeme su postajale tako komplikovane (dobijale su čak i treću dimenziju i pretvarale se u kocke i poliedre) da sam i sâm u njima počeo da se gubim.

Da bih se izvukao iz ovog ćorsokaka, napustio sam šeme i ponovo se latio priča koje su već bile uobličene, ne vodeći računa o tome da li će one naći svoje mesto u mreži drugih priča; ali osećao sam da igra ima smisla samo ukoliko je utemeljena na čvrstim pravilima. Bila je neophodna konstrukcija koja će usloviti međusobno uklapanje priča; u protivnom, sve je bilo uzaludno. Treba imati u vidu i činjenicu da su sve priče koje sam, ređajući karte, uspevao da uklopim vizuelno, davale dobar rezultat i kada bih se latio pisanja. Ali, bilo je i onih koje u pisanju nisu donosile nikakav zaplet i kojih sam morao da se rešim da ne bih uništio nivo čitavog teksta; bilo je i priča koje su prevazilazile ovu probu i, pošto bi stekle kohezionu moć kakvu samo napisana reč može da ima, više nije postojao način da se rasklope. Tako da su se, kada sam radi novog teksta ponovo krenuo da ređam karte, sve više umnožavale prinude i prepreke o kojima sam morao da vodim računa.

Na ove poteškoće koje se tiču piktografije i fabule nadovezao se i problem stilske orkestracije. Postao sam svestan toga da *Krčma* pored *Zamka* može imati neki smisao samo ukoliko jezik ova dva teksta bude odražavao razliku između slikarskih stilova rafiniranih renesansnih minijatura i grubih gravira marseljskog tarota. Tada sam odlučio da verbalnu građu spustim na nivo mesečarskog buncanja. Ali, kada sam prema rečenim pravilima pokušao da preradim stranice, s kojima se već srodilo mnoštvo literarnih aluzija, one su počele da se opiru i blokiraju me.

Poslednjih godina, u manjim ili većim vremenskim intervalima, u više navrata sam se uvlačio u ovaj lavirint koji me je iscrpljivao. Da nisam poludeo? Možda je to zlokobni uticaj ovih tajanstvenih slika koje ne dopuštaju da se njima nekažnjeno poigrava? Ili vrtoglavica koju prouzrokuju veliki brojevi i koja se javlja pri svakoj kombinatorici? Odlučio sam da odustanem, napuštao bih sve, bavio se nečim drugim – besmisleno je gubiti vreme u poduhvatu čije sam sve mogućnosti istražio, i koji ima smisla samo kao teorijska pretpostavka.

Prošlo je nekoliko meseci, možda i čitava godina, a da o tome uopšte više nisam razmišljao; a onda mi, odjednom, sinu ideja da tome mogu da pristupim na drugi, jednostavniji, brži i, sigurno, uspešniji način. Počeh ponovo da smišljam šeme, da ih prepravljam, komplikujem; opet sam se zaglibio u taj živi pesak, utonuo u bezumnu opsednutost. Budio bih se noću da brzo označim neku konačnu ispravku, a ona je za sobom vukla beskrajni lanac pomeranja. Drugi put bih legao s osećanjem olakšanja što sam našao savršenu formulu. Ujutru, čim bih se probudio, sve bih pocepao.

Krčma ukštenih sudbina, ovakva kakva je sad pred vama, plod je opisanog tegobnog rađanja. Kvadrat od 78 karata koji predstavlja osnovnu šemu *Krčme* nema preciznost kakvu ima onaj koji se odnosi na *Zamak*. „Pripovedači" po njemu ne idu pravolinijski, niti nekakvim jasno određenim putem; postoje karte koje se pojavljuju u svim pričama, kao i one koje se više puta pojavljuju u istoj priči. Isto tako, pisani tekst može se smatrati arhivom građe nagomilane tokom stalnog raslojavanja tumačenja slikarskih alegorija, raspoloženja, ideoloških namera, stilskih postavki. Odlučio sam da objavim *Krčmu ukrštenih sudbina* prevashodno da bih je se oslobodio. I sada, kada je knjiga već u štampi, ja joj se ponovo vraćam, rastavljam je i ponovo pišem. Tek kada bude odštampana, jednom ću zauvek, nadam se, biti daleko od nje.

Dodao bih još da sam izvesno vreme imao nameru da ova knjiga bude sastavljena iz tri dela. Da li bi trebalo da tražim novi špil karata, špil dovoljno drugačiji od prethodna dva? U jednom momentu u meni se javila nelagodnost što sam isuviše često posećivao ovu srednjovekovno-renesansnu ikonografiju koja me je obavezivala da moje pripovedanje ide određenim kolosekom. Osetio sam potrebu da napravim nagli kontrast, ponavljajući isti postupak, ali s vizuelno modernijom građom. Šta bi mogao biti pandan tarot kartama, savremena predstava kolektivno nesvesnog? Setih se stripa: ne komičnog, već dramatičnog, pustolovnog, zastrašujućeg – gangsteri, smrtno preplašene žene, svemirski brodovi, vamp žene, rat u vazduhu, ludi naučnici. Pomislih da *Krčmi* i *Zamku* priključim, u sličnom okviru, *Motel ukrštenih sudbina*. Nekoliko likova koji su spasili živu glavu posle neke tajanstvene katastrofe nalaze sklonište u polurazrušenom motelu u kome je ostao samo list nagorelih novina – stranica stripa. Preživeli, koji su od straha izgubili moć govora, pričaju svoje priče pokazujući crteže, ali ne onim redom kojim se čita strip: oni prelaze s jednog crteža na drugi, vertikalno i po dijagonali. Nisam odmakao dalje od oblikovanja ideje koju sam maločas izložio. Time je iscrpljeno moje kako teorijsko tako i izražajno bavljenje ovom vrstom eksperimenta. Vreme je (u svakom pogledu) da pređem na nešto drugo.

Oktobar, 1973.   Italo Kalvino

Sadržaj

Zamak ukrštenih sudbina

Krčma ukrštenih sudbina

Italo Kalvino
ZAMAK UKRŠTENIH SUDBINA
*
Glavni urednik
JOVICA AĆIN
*
Korektor
MIROSLAVA STOJKOVIĆ
*
Grafički urednik
MILAN MILETIĆ
*
Nacrt za korice
JANKO KRAJŠEK
Realizacija
ALJOŠA LAZOVIĆ
*
I. P. RAD, d. d.
Beograd, Dečanska 12
*
Za izdavača
ZORAN VUČIĆ
*
Priprema teksta
Grafički studio RAD
*
Štampa
ZUHRA, Beograd

CIP – Katalogizacija u publikaciji
Narodna biblioteka Srbije, Beograd

850-3

КАЛВИНО, Итало
    Zamak ukrštenih sudbina / Italo Kalvino ; [s italijan-
skog prevele Srbislava Vukov-Simentić, Snježana Marin-
ković]. Beograd : Rad, 1997 (Beograd : Zuhra). – 121 str.
; 18 cm. – (Reč i misao ; 478)

Prevod dela: Il castello dei destini incrociati / Italo Cal-
vino.

ISBN 86-09-00525-9

ID=57820428

www.ingramcontent.com/pod-product-compliance
Lightning Source LLC
LaVergne TN
LVHW051134080426
835510LV00018B/2410